MUR

PAUL KRUGMAN, JOSEPH STIGLITZ
GEORGE SOROS / NATHAN GARDELS
MIKHAIL GORBACHEV, EDUARDO SARMIENTO P.,
ALVIN TOFFLER / HEIDI TOFFLER, PAUL A. SAMUELSON, JON AZUA,
GORDON BROWN, FEDERICO STEINBERG, ALICIA GARCÍA HERRERO,
ANDRÉS OPPENHEIMER, FERNANDO HENRIQUE CARDOSO

LA CRISIS ECONÓMICA MUNDIAL

EDITORIAL OVEJA NEGRA
QUINTERO EDITORES

1ª edición: noviembre de 2008

editovejanegra@yahoo.es
Cra. 14 Nº 79 - 17 Bogotá, Colombia

ISBN: **978-958-06-1114-1**

Coordinación y preparación editorial: José Gabriel Ortiz A.

Impreso en Colombia - Printed in Colombia

ESTE LIBRO

Al suscitarse la Crisis Económica en Estados Unidos, inicialmente surgida por la Hipotecas Subprime o «Ninjas» y luego sus repercusiones en el Sector Bancario Internacional, en la Bolsa de Wall Street y su metástasis recesiva en todas las economías y países, los editores iniciamos el análisis y las consultas con especialistas para estructurar el presente libro.

Dos bases fundamentales se eligieron como criterios editoriales para el estudio y análisis del reciente suceso económico internacional:

- Por qué pasó lo que pasó... y sigue sucediendo mes a mes.
- Lecciones que deja esta Crisis... y los cambios económicos requeridos.

A partir de estos conceptos se procedió a la búsqueda y acuerdos puntuales con expertos autores que, desde diversos ángulos, países y escuelas económicas, vienen reflexionando sobre la Crisis Económica Mundial.

Esta publicación se concibió como un libro divulgativo, explicativo, con cuatro elementos claves de la Crisis:

Introducción: Recordando el Crash de 1929

Primera Parte: Reflexiones sobre la Crisis

Segunda Parte: ¿Por qué pasó lo que pasó?

Tercera Parte: Propuestas para superar la Crisis

Cuarta Parte: Lecciones de la Crisis

Glosario y Biografias de los autores

En primera instancia, elegimos tres Premios Nobel por sus autorizados conocimientos como maestros de la Academia:

Paul Krugman, quien justamente acaba de ser elegido como el Premio Nobel en 2008. Un Economista, un critico y un pensador Liberal, de quien se dice que su Filosofía Económica es Neokeynesiana. Seleccionamos sus análisis, paso a paso, publicados en el *New York Times* desde el inicio de la Crisis. Muchas de las soluciones que dan salida a esta crisis en los próximos años pasarán por los análisis del Nobel Krugman.

Joseph Stiglitz, Premio Nobel en 2001, judío-americano, de quien se dice es un economista representativo a cual más del pensamiento Neokeynesiano. Cuenta con la experiencia de su paso como directivo de organizaciones económicas internacionales. Presentamos sus reflexiones dadas a Nathan Gardels, Editor de *Global View Point.* Sin duda, el Nobel Stiglizt es el economista actual más consultado en el mundo. No podía faltar en este libro.

Paul Samuelson, el veterano Premio Nobel en 1970, autor de textos universitarios de Economía de lectura obligada en las últimas décadas. Tal vez no hay economista en los últimos 30 años que no hubiese tenido en sus manos los libros del Nobel Samuelson.

Se incluyen dos estudios de fondo de dos Ph. D en Economía:

Jon Azua, quien es el actual Presidente de Enovantiglab y Ex Vice Lehendakari del Gobierno Vasco, quien a su vez, como Consejero de Industria Vasca, implementó su Clusterizacion con M. Porter de la Universidad de Harvard. Azua presenta una sólida propuesta para afrontar y superar la Crisis: Un Nuevo Camino.

Federico Steinberg, Ph. D. de la Universidad Autónoma de Madrid, Master de la London Schools of Economy e investigador del Real Instituto Elcano, analiza y presenta las Causas y las Respuestas a la Crisis.

Por considerar al Primer Ministro Inglés en ejercicio, **Gordon Brown**, como el primer Jefe de Estado, quien desde el inicio de la Crisis y con políticas concretas aplicadas en el Reino Unido asumió, tal vez, el liderazgo de la solución global, directamente acordamos con su despacho, la publicación tanto de su intervención ante el Parlamento Europeo como un análisis personal para este libro.

Las reflexiones sobre esta actual Crisis, de pensadores universales como **Mikhail Gorbachev**, el Líder Soviético más trascendental creador de la Perestroika y el Glasnost, el inversionista, multimillonario y filántropo **George Soros**, el autor del célebre libro *La tercera ola*, **Alvin Toffler** y su esposa y coautora, se incluyen en este libro, con lo cual permite a los lectores conocer posiciones criticas sobre las distorsiones del modelo económico.

En este orden de ideas el Ph.D. **Eduardo Sarmiento**, Decano y experto en Economía con un docena de libros publicados en Colombia, nos ha entregado sus análisi y escritos antes de esta crisis que explicaba, detalle a detalle desde el año 2007 la crisis del año 2008, y la falta de rigor científico en las soluciones que se suelen dar a esta crisis.

Un trabajo de fondo lo realiza **Alicia García Herrero**, investigadora de la Univ. de Hong Kong y del banco BBVA, quien destaca las fortalezas de América Latina y Asia para superar estos insucesos.

Andrés Oppenheimer, tal vez el periodista latinoamericano mas destacado en EE. UU. vinculado al *Miami Herald* y analista de *CNN* y Premio de Periodismo repetidamente.

Fernando Henrique Cardoso, ex Ministro de Hacienda y luego Presidente de Brasil en dos periodos. Autor de libros y textos de obligatoria consulta de economía.

Se incluyó el texto completo de la Declaración del 15 de noviembre de 2008 resultante de la Cumbre Presidencial en Washington del G-20, como el documento fundamental para enfrentar la Crisis.

En estas épocas de crisis, se requiere reformulaciones de los paradigmas tradicionales y la búsqueda de una renovación del pensamiento económico.

Este libro, por la calidad de sus autores, es un aporte destacado ante la Crisis actual, que todo lector sabrá valorar.

Los Editores

CONTENIDO

INTRODUCCIÓN

SEGUNDA PARTE
¿POR QUÉ PASÓ LO QUE PASÓ?

TERCERA PARTE
PROPUESTAS PARA SUPERAR LA CRISIS

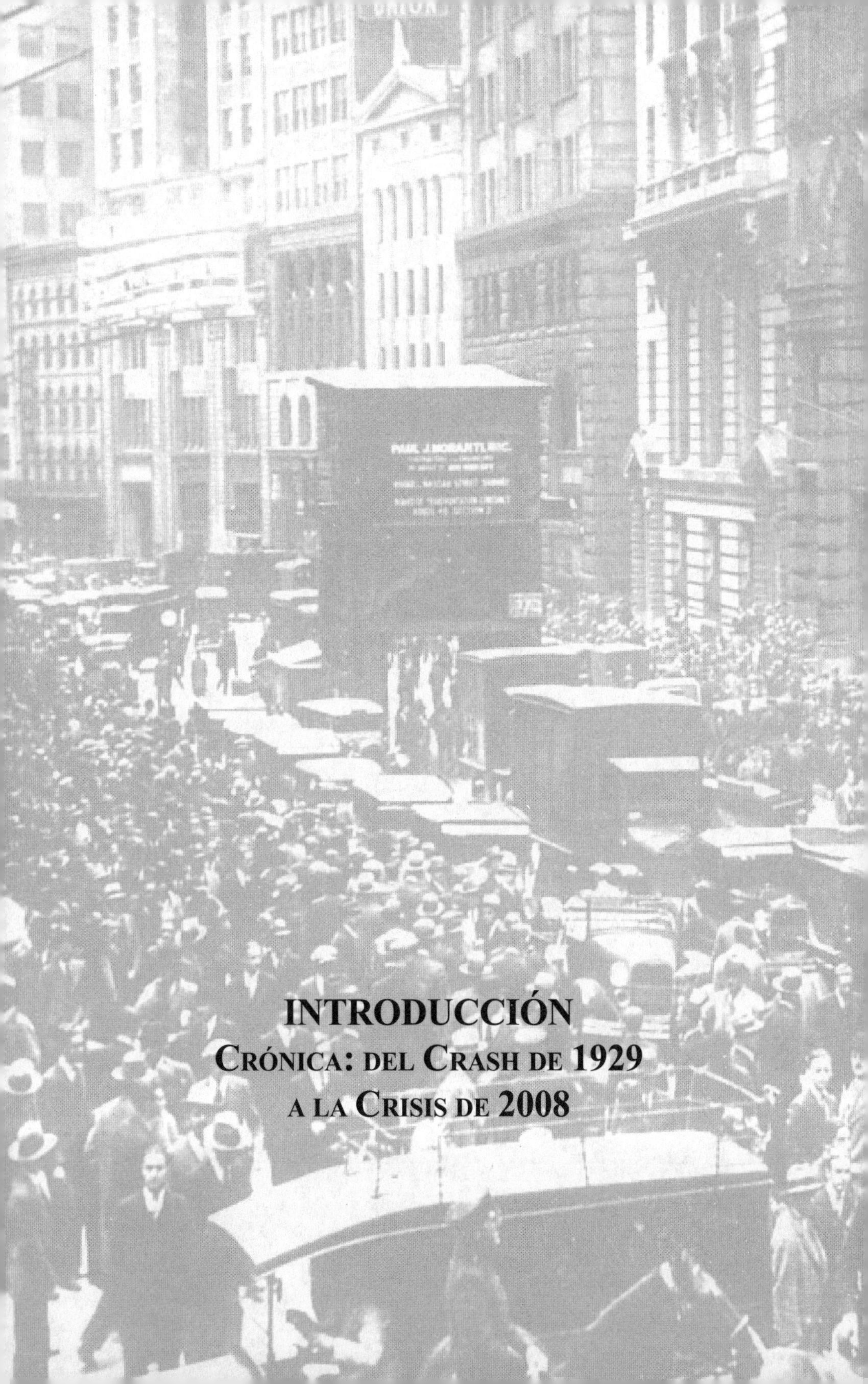

INTRODUCCIÓN

CRÓNICA: DEL CRASH DE 1929 A LA CRISIS DE 2008

INTRODUCCIÓN

CRÓNICA: DEL CRASH DE 1929 A LA CRISIS DE 2008

El Martes Negro del 29 de octubre de 1929, fue el día más aterrador de la Historia Económica de los Estados Unidos en el Siglo XX y probablemente del mundo occidental en todos los tiempos. Conviene recordar el Crash del 29 y esta introducción tal vez facilite a los lectores de este libro, rememorar los antecedentes de la actual crisis.

Esa fatídica mañana del 29 de octubre de 1929, la hecatombe sobrevino cuando 16 millones de acciones se ofrecieron en venta a gritos en la Bolsa de la calle Wall de Nueva York. Los gritos y gestos de venta desaforada de acciones a cualquier precio crecían como una estampida incontenible, pues no encontraban ningún comprador a ningún precio.

Nueve millones de estadounidenses, de una población de 122 millones, que tenían sus ahorros en papeles de bolsa, vieron disolver sus fortunas como la sal en el agua y en ese sólo día sus acciones perdieron 10.000 millones de dólares.

Y una segunda estampida se reprodujo horas después, como un tsunami o maremoto bancario, cuando ese mismo Martes Negro en las calles desesperados poseedores de acciones sin valor, se encaminaron hacia los bancos para retirar al menos los dólares que tenían en sus cuentas. El Sistema Bancario americano también explotó y cerró la puertas ante la imposibilidad de devolver a cada quien sus ahorros en forma simultánea.

La economía americana hizo Crac, y su efecto arrastró las economías de países como Inglaterra y Alemania donde Adolfo Hitler vio llegar un inesperado momento para fundar su partido nacional-socialista.

Wall Street, que sólo seis días antes, el miércoles 23 de octubre había sido conmocionada con la venta en una sola jornada de 6 millones de acciones, al día siguiente escasamente sobrevivía al fatídico Jueves Negro como presagio del hundimiento del Titanic bursátil. En las primeras horas, de ese primer Jueves Negro, 13 millones de acciones se vendieron a precios que caían minuto a minuto. Los cinco banqueros mas prestantes de New York visitaron la Bolsa y compraron paquetes de acciones manifestando que la crisis era sólo técnica, con lo cual renació la esperanza y la ansiada calma, después de la tormenta financiera, que tranquilizó los mercados.

El viernes 25 de octubre el futuro Primer Ministro de la Reina de Inglaterra, Winston Churchill, recorria los puestos de Bolsa de Wall Street, en una visita de cortesía, sin saber que cuatro días más tarde ese lugar sería un campo de una inusitada batalla bursátil, similar a las batallas militares que acababan de vivirse en la Primera Guerra Mundial y una premonición de la Segunda.

El fin de semana los cinco banqueros se reunieron con la Reserva Federal y trataron en vano de enviar mensajes de tranquilidad y fortaleza de sus bancos, pero la prensa empezó a hablar de la crisis de la Bolsa.

El símbolo de los multimillonarios, en ese desesperado octubre del 29, Rockefeller, fue buscado a última hora para que detuviese el incontenible pánico, y cuando se presentó en la Calle Wall, expresó « ... la situación del país es saludable y mi hijo y yo hemos estado comprando acciones».

Pero alguien comentó: «Sin duda, ¿pues a quien más le queda dinero?».

El lunes 28 de Octubre de 1929 al abrirse de nuevo Wall Street otros 9 millones de acciones salieron a venta en búsqueda de un comprador y ese solo día el precio de las acciones de las grandes empresas que cotizan en Bolsa, cayeron otros 14.000 millones de dólares.

Y al día siguiente, el Martes Negro del 29 de octubre de 1929, en las primeras horas de la jornada, 16 millones de acciones se ofrecían atropelladamente en venta y no encontraron comprador y se anunciaba que otros 17 millones de acciones estarían llegando en la tarde. Un mensajero ofreció adquirir un paquete de acciones por un dólar. Explotó Wall Street. El día más aciago de la historia económica de EE. UU, y del mundo Occidental.

El fin de los años rosa

La década de 1920 fue una fantástica década en Estados Unidos. Los años rosa. El triunfo militar en la Primera Guerra Mundial había convertido a EE. UU. en el mayor proveedor internacional de materias primas, agricultura y productos industriales.

A su vez en el país proveedor de créditos y acreedor en la reconstrucción de Europa y Japón. Su flota mercante dominaba los mares. La producción en serie de Ford hacía carrera como un símbolo del poderío tecnológico-industrial americano. La venta de automóviles se triplicó en sólo 10 años. La adquisición de radios se multiplicó por 15. Recién nacían los Trust. El Dólar continuaba como la única moneda convertible en oro y, en consecuencia, era el emblema del comercio internacional. El marco alemán había cedido su valor, y el país humillado por su derrota militar era víctima de la pérdida del ahorro privado de los 6 millones de desempleados y acudía al crédito externo.

El Presidente de EE.UU., Calvin Coolisd en 1925 afirmaba que la economía americana logró «un estado de satisfacción pocas veces visto en años». Proliferaban los Fondos de Inversión para incrementar la venta de acciones empresariales con créditos a los ahorradores que podían lucrarse de la noche a la mañana comprando millones de acciones al alza.

Por falta de regulación y control los Bancos y Wall Street ya desde 1926 venían propiciando el surgimiento de una burbuja accionaria, al fondear compras de acciones con un simple depósito de 10% de su valor y respaldando la compra-venta con créditos bancarios.

La tasa de revalorización de las acciones adquiridas a crédito en muchos casos rentaban hasta el 50% y con una cobertura mínima no superior al 10% generaba una pirámide monetaria y facilista de enriquecimiento a débito, sólo amparado en que las acciones de las empresas siguiesen su tendencia alcista. La economía real, la empresarial y productiva que es la esencia de una sociedad, fue desbordada por la economía financiera y bursátil especulativa.

Pero las cifras ciertas de la economía real eran diferentes y su decrecimiento era progresivo. Al iniciarse 1929 la economía real no podía ocultar las cifras: la venta de automóviles caían trimestralmente un 10% y en septiembre del 29, un mes antes del Crash, la caída de uno de los símbolos de los años rosa de la década de 1920, la industria automovilística, retrocedía en nueve meses un preocupante 33%.

Los bancos, prestaban a quien les solicitaba crédito para invertir en las Bolsas a lo ancho de EE. UU. y estos papeles de bolsa los recibían los mismos bancos como garantía para nuevos créditos. Las propias empresas invitaban al público a comprar sus acciones a precios que subían a diario.

Las empresas con estos especulativos recursos ampliaban sus plantas de producción, mientras el consumo no respondía a la sobreoferta.

El crédito bancario costaba sólo 12% anual y las acciones de las grandes empresas incrementaban su valor a un ritmo del 50% anual. Cuatrocientos por ciento de beneficio. Pero no eran sólo los banqueros y algunos empresarios quienes se lucraban de esa ruleta. Nueve millones de americanos ya estaban usufructuando este casino bursátil.

La sociedad americana inevitablemente tendría luego que estrellarse y pagar sus excesos en extenuantes 10 años próximos que se vivieron con recesión. Los desbordes especulativos de algunos bancos, empresas y familias americanas terminarían por derrumbarse en un efecto dominó, en el cual una ficha tumba a la otra hasta terminar todas inclinadas.

En 1929, la crisis surgía de las propias variables fundamentales que sostienen una economía, pues mientras la Bolsa y los Bancos propiciaban el auge de las acciones, el consumo general de la economía venia trimestre a trimestre descendiendo, pues los 100 millones de americanos que no participaban de la bonanza bursátil no demandaban ni consumían la sobreoferta de productos industriales y agrícolas.

Se presentaba por tanto ya una obvia caída de precios agrícolas al bajar la demanda con la subsecuente crisis de los mercados agrícolas.

La crisis de consumo y la caída de la producción industrial había arrasado en los primeros seis meses de 1929 a 340 bancos declarados en «bancarrota». Luego del Crash, esta cifra de bancos quebrados se multiplicaría descomunalmente, resquebrajando la confianza, que es sostén de un sistema bancario.

El castigo al valor de las acciones es siempre el primer castigo que recibe una economía por el alza insostenible de la especulación bursátil, en lugar de las economías productivas, que se deben autosostener por el consumo creciente de productos y no por créditos especulativos provenientes de un juego de acciones en bolsa. El castigo a las Bolsas. Castigo luego al precio alcista de las materias primas. Castigo finalmente al precio especulativo de la finca raíz. Y castigo a los bancos que pierden el «crédito» de sus propios ahorradores y los banqueros que se equivocan pasan a considerarse como personas en entredicho.

El Gobierno americano y la Reserva Federal en el 29, no intervenían, fieles a sus principios del libre mercado, que sostenía que el mercado no debe intervenirse, pues se autorregula a sí mismo, con el principio del equilibrio permanente que opera automáticamente de autoajuste entre la oferta y la demanda, del *Laissez faire*, de la mano invisible que armoniza el mercado.

Harvard Economic Society

Destacados economistas y profesores no previeron ni la Recesión, ni la Gran Depresión que viviría la economía americana durante la siguiente década. Al contrario, economistas expertos de Harvard, enviaron mensajes en agosto de 1929 que la economía, las empresas y los negocios iban con viento en popa. Mensajes que contribuyeron a propiciar una imagen infundada de auge.

El propio John Kenneeth Galbraith en uno de los mejores libros de economía que se escribieron en el Siglo XX, *El Crac del 29*, relata:

«La Harvard Economic Society, instituto privado dirigido por profesores de ciencias económicas de un conservadurismo de incuestionable fidelidad, ofreció desde Cambridge sus buenos –aunque menos firmes oficios– para reforzar la confianza en el mercado.

El propósito de la sociedad consistía en ayudar a hombres de negocios y especuladores a predecir el futuro. Varias veces al mes servían al público las primicias de sus científicos pronósticos, los cuales sin duda obtenían superior estatura gracias a su asociación con el augusto nombre de universidad.

Por sentido común o por azar, lo cierto es que esta Sociedad mantenía una actitud pesimista, si bien moderada, a comienzos de 1929. Sus oráculos habían acertado a señalar la existencia de elementos y factores que llevaban en su seno desde hacía algún tiempo el anuncio de una recesión (aunque sin duda no una depresión). Semana tras semana estuvieron anunciando un ligero retroceso en los negocios. Como, en el verano de 1929, seguía sin producirse el retroceso, al menos en forma visible, la Sociedad abandonó y confesó su error. Así, pues, decidió que los negocios, al fin y al cabo, bien podían marchar viento en popa. Desde entonces, hasta el crac naturalmente, la Sociedad estuvo convencida de que no había perspectivas de una depresión grave. En noviembre no dudó en afirmar que era absolutamente improbable que sobreviniese una depresión tan severa como la de 1920- 1921. La Sociedad se mantuvo en este punto de vista hasta que fue disuelta».

(Galbraith, J. K. *El Crac del 29.* Ed. Ariel).

La anécdota Kennedy

En marzo de 1929, Joe Kennedy el patriarca fundador de la dinastía Kennedy, narró que ocasionalmente estaba en la Bolsa de Wall Street haciéndose embetunar sus zapatos y al lado suyo otro inversionista también se hacia embetunar. Kennedy leía un periódico distraídamente, mientras los dos laboriosos emboladores conversaban entre sí. El uno le decía al otro:

-Cuando termine mi trabajo voy a subir a la Bolsa a comprar acciones, pues hay una empresa cuyas acciones están subiendo de maravilla.

Kennedy cuenta que dejó de leer su periódico y puso atento oído, sin que se notara, al diálogo de estos «inversionistas de bolsa» .

-¿A que se dedica esa empresa? -le preguntó el uno al otro.

-¡Eso es lo de menos, lo importante es comprar mientras suben!

Kennedy le pagó su trabajo, llamó a continuación a su corredor y le dio una sorpresiva instrucción:

-Venda todas mis acciones de Bolsa.

-¿Por qué? -le preguntó luego en casa su mujer.

-Porque si un embolador puede decidir en qué invertir, algo mal está sucediendo con la Bolsa de Wall Street.

Se dice que Kennedy al retirarse en marzo de 1929 de la bolsa hizo tal vez el mejor negocio de su vida y no fue afectado sino beneficiado luego en la debacle del Crash, sólo siete meses más tarde.

De Kondrantiev a Schumpeter

En Rusia el Crash americano fue recibido con retumbar de campanas. Lenin, Stalin y Trotsky cayeron en el error de pensar que ya podían proclamar su profetizada victoria del comunismo de Carlos Marx sobre el capitalismo de Adam Smith.

Pero un estudioso economista ruso: Nicolai Kondrantieff analizando las largas series estadísticas del comportamiento de los precios de las materias primas como el carbón, el hierro, el acero desde 1790 hasta la década de 1920, encontró que existía una repetitiva y cíclica «Onda Larga de la Economía» que indicaba la existencia de ciclos económicos largos de treinta años de subida de precios y producción y luego 20 ó 30 años de caída, y por tanto que el Capitalismo Occidental no explotaba. Y en consecuencia, el Crash del 29 seria luego superado por un largo periodo de ascenso y crecimiento económico hasta lograr una nueva onda expansiva. Y así sucesivamente cada crisis de sobreoferta y saturación, traía luego un ajuste recesivo. Las series estadísticas elaboradas por Kondrantieff así lo demostraban.

LOS CICLOS LARGOS DE LA ECONOMÍA

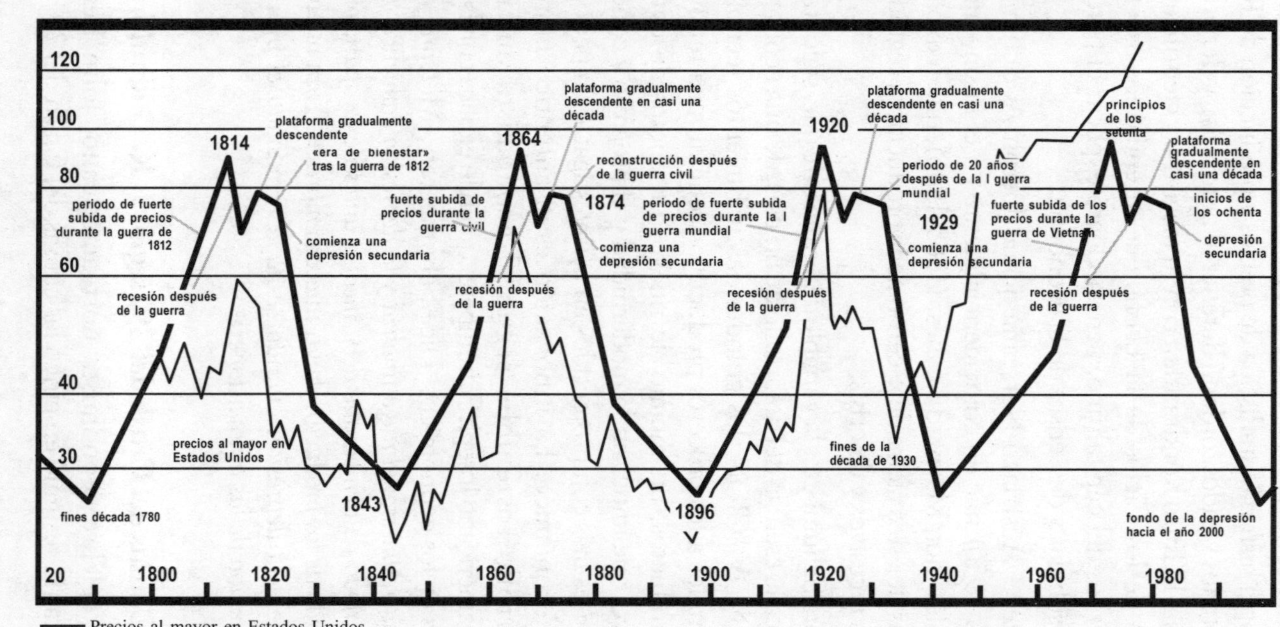

Precios al mayor en Estados Unidos
Curva ideal de Kondratieff
Fuente: *The Media General Financial Weekly*

Enterado Stalin de esta comprobación científica basada en la propia historia estadística de precios y producción de Rusia y de Estados Unidos, ordenó detener al autor ruso y deportarlo a Siberia. El Ruso Kondrantieff con su magistral y científica Onda Larga de los Ciclos de la Economía entendió los ascensos y descensos del capitalismo, pero no logró explicar el porque de estas subidas y descensos de la economía.

Fue el Austriaco-Norteamericano Joseph A. Schumpeter, (1883-1950) nacido coincidencialmente en el mismo año que el inglés Jhon Maynard Keynes, (1883-1946), quien explicó las causas de estos ciclos de ascenso de la producción, seguidos por ciclos recesivos y de crisis.

Para Schumpeter la variable determinante que, siglo tras siglo explica la esencia del desarrollo de un país, de una economía, es la INNOVACIÓN: los grandes descubrimientos tecnológicos integrados a los procesos productivos generan una renovación de productos, un racimo de nuevos productos de consumo masivo, que impulsan la modernidad y el progreso y conduce a los países más comprometidos en la investigación a periodos de auge económico. La innovación es el auténtico motor del desarrollo sostenible, segun el economista austríaco-norteamericano Joseph Schumpeter quien lo explica con la teoría de los ciclos económicos. Dice Schumpeter: *«Mi teoría general da una respuesta: el auge finaliza y la depresión comienza después del período de tiempo que debe mediar antes de la aparición en el mercado de los productos de las nuevas empresas. Y un nuevo auge sucede a la depresión cuando se haya terminado el proceso de reabsorción de las innovaciones»*.

Las Causas del Crash del 29, según J. K. Galbraith

El célebre economista norteamericano, John Kenneth Galbraith, resumió en cinco las causas del Crash del 29.

«Muchas cosas iban mal, pero el desastre parece haberse debido especialmente a cinco causas íntimas o cinco puntos débiles del sistema en aquel momento. Son los siguientes:

1. *La pésima distribución de la renta. En 1929 los ricos eran indudablemente ricos…el cinco por ciento de la población con rentas mas altas recibió aproximadamente la tercera parte de toda la renta personal de la nación.*
2. *La muy deficiente estructura de las sociedades anónimas… La empresa norteamericana de los años veinte había abierto sus hospitalarios brazos a un numero excepcionalmente alto de promotores, arribistas, sinvergüenzas, impostores y todas sus supercherías. Pocas veces, en la larga historia de estas actividades, se las ha visto operar como una marea de latrocinios corporativos de tan vastas proporciones.*
3. *La pésima estructura bancaria. Desde los primeros años del decenio de los treinta, una generación de norteamericanos ha venido oyendo comentarios sobre las prácticas bancarias de los veinte, pronunciados a veces con regocijo, otras con indignación y a menudo con coraje.*
4. *La dudosa situación de la balanza de pagos.*
5. *Los míseros conocimientos de economía de la época… los economistas y todos aquellos que ofrecían consejo económico durante los últimos años veinte y primeros treinta eran fundamentalmente malos economistas y perversos consejeros.*

En los meses y años siguientes al Crac del mercado de valores, los honorables consejos económicos de los profesionales cargaron su orientación hacia el tipo de medidas más apropiadas para empeorar las cosas». (Galbraith, J. K. *El Crac del 29*. Ed. Ariel).

¿Los responsables?

Se tiene el facilismo e inmediatismo de tratar de buscar responsables de una crisis puntual en el Gobierno de turno.

En lugar de encontrar las causas profundas que son siempre las mismas: cuando la economía productiva acude a una economía especulativa a debe. En el 29 se victimizó al Presidente Hoover y la esposa de su rival político en la campaña de sucesión presidencial de 1932, Dña. Eleanora Roosevelt, en la Convención de su Partido, se consagró como mujer fuerte cuando habló a los electores del Crash-Hoover o Crisis-Hoover. Aplausos a rabiar, votos por doquier.

Por ventura, Roosvelt propuso e implementó su acertado programa New Deal, con su envidiable Ley de Recuperación Industrial Nacional. El plan que normalizó, poco a poco, la economía americana.

Roosvelt desatendió la receta de los expertos economistas de darle todo el peso a reformular políticas gubernamentales de control de gastos, disminución del déficit comercial y fiscal, restricción monetaria para atajar la inflación.

Roosevelt programó y ejecutó un presupuesto elevado en obras públicas como recomendaba John Maynard Keynes, generando empleo en una economía que estaba en recesión en su sector privado y logrando con mayor gasto e inversión pública reactivarla.

La implementación del New Deal de Roosvelt a partir de su elección como Presidente en 1932 fue un bálsamo que resanaba heridas. Tal vez el adecuado camino, pues empresas y empresarios símbolos de la pujanza americana estaban derruidos: los Rockefeller perdieron cuatro quintas partes de su riqueza, GolmanSachs -lo que en el 2008 le aconteció a Lehman Brothers- vio caer sus acciones un 99%, de 104 a algo más de un dólar por acción: a US$1,75; General Motors sufría la desvalorización de sus acciones en un 97%, y General Electric un 91%, mientras millones de americanos en los años 30, perdían sus viviendas por no poder pagar sus hipotecas ante la recesión galopante.

El Informe de la Comisión Brady

Luego en 1987, en otro repetitivo Lunes Negro de otro octubre, con precisión histórica el 19 de octubre de 1987, se desplomó también la Bolsa de Wall Street y con ellas las acciones de las 30 mayores empresas americanas. En dos lunes negros de ese fatídico octubre de 1987, se perdieron 400.000 millones de dólares en un derrumbe inesperado de la Bolsa.

Para conocer las causas de la crisis de octubre de 1987, se creó la Comisión Brady. Dicha Comision elaboró un cuestionario y solicitó su respuesta a 473 expertos: Premios Nobel Americanos, Decanos de Economía, Corredores de Bolsa, Presidentes de las grandes compañías estadounidenses, escritores de Economía.

En solo 60 días, el 11 de enero de 1988, *The Wall Street Journal* lo difundió. La Comisión Brady encontró tres variables causantes de la Crisis Bursátil y Económica de 1987: Causas Fundamentales, Causas Técnicas y Causas Sicológicas.

Causas Fundamentales

- El Déficit Fiscal Americano como tal vez la causa estructural de la crisis.
- El Déficit Comercial Americano que causaba una economía macro a debe.
- Las Altas Tasas de Interés, que debilitaron la inversión empresarial y condujeron a los capitales no a la inversión productiva, sino a la especulación bursátil.
- Mercado de Valores y Acciones en juegos especulativos
- Baja del Poder Adquisitivo del Dólar
- Proyecciones Equivocadas de la Economía Americana

Causas Técnicas

- Transacciones de Portafolios especulativos en las Bolsas.
- Transacciones de Carteras en el Sector Financiero sin medición de riesgos.
- Transacciones especulativas de Fondos de Inversión, Fondos de Seguros, Fondos Mutuos, Fondos de Pensiones que jugaban a la compraventa de acciones en alta y venta en baja con alto riesgo.
- Baja Capitalización Propia de los Intermediarios financieros y Corredores de Bolsa.
- Mínima Intervención de las Juntas Directivas de las Bolsas.
- Compras y Ventas de Futuros, en operaciones cruzadas de un mismo intermediario que creaban tendencias especulativas de alzas y bajas artificiales.

Causas Sicológicas

- Dos elementos: temor y pánico.
- Pérdida de confianza en el Gobierno Americano, en sus dirigentes y en su capacidad de superar la crisis.
- Incertidumbre de los agentes financieros.
- Predicciones negativas del futuro económico.

Lester Thurow del MIT lo había pronosticado

La crisis de 1987 que la Comisión Brady investigo después del insuceso no era una crisis fortuita, súbita, no esperada. Ni un accidente de la naturaleza, ni de la ciencia económica.

Uno de los mejores economistas, Lester Thurow, Decano del MIT y autor de libros como *La guerra del siglo XXI*, desde años antes veía llegar la crisis americana de los años 80.

Desde 1980 Lester Thurow, Amoldo Hax y J. Forrester, de la escuela de negocios del prestigioso Instituto de Tecnología de Massachusetts, habían aceptado la teoría de la onda larga de la economía de Kondratieff y los ciclos de innovación de Schumpeter.

Para Thurow *«el creciente déficit comercial americano y la estructura de su deuda exterior, representa para el mundo económico lo mismo que un agujero negro para el universo. En éste, la estructura y el comportamiento de la materia cambia y lo mismo sucede en el mundo económico, con la diferencia de que en economía el resultado no proviene de fuerzas de la naturaleza, sino de una política económica equivocada, seguida por Estados Unidos y sus socios comerciales en el periodo de los ochenta, de forma tal que incluso una corrección de la misma impondrá una pesada carga en el futuro»*.

«Desde 1980 –explica–, *la economía estadounidense se ha comportado como un adicto enganchado a la deuda externa, financiada mediante préstamos concedidos por el resto del mundo. En 1986 los americanos consiguieron 4% más de lo que habían producido»*.

Inicios de la Crisis del 2008

En el 2008 el tema inicial no era la especulación de acciones del Crash de 1929. La crisis se inicia con los fondos de inversión y bancos que en búsqueda de más y más rentabilidad, encontraron una artificial veta de oro adquiriendo y revendiendo de banco en banco, de país en país, paquetes de hipotecas que eran préstamos de viviendas colocadas a usuarios «ninja» –que no tenían ingreso, ni trabajo fijo o suficiente– quienes aceptaban recibir propiedades firmando pagares a tasas impagables. Se habla de 7 millones de hipotecas «ninjas». Hipotecas basura que llevadas en paquete a las bolsas les permitieron a los Fondos de Inversion y a algunos Bancos, de diversos continentes, colocar en ellas parte de sus capitales y activos bancarios, beneficiándose de sus altas tasas.

Hubo hipotecas-basura renegociadas de mano en mano entre los sectores financieros hasta 35 veces la misma hipoteca. La crisis actual americana-europea-asiática tiene cierta sabia y aleccionadora lógica, al empezar a sufrir una progresiva recesión colectiva que se inicia primero por la economía americana central, por las familias americanas, tal vez por ser el país más desbordado en vivir con el dinero que no tienen. Y este castigo, llamado recesión económica, se esparce como metástasis cancerígena a lo largo y ancho de los continentes.

La Presidencia de Barack Obama

Razonaba Ortega y Gasset que en las grandes hecatombes de una sociedad se requiere una nueva clase dirigente, una circulación de elites, un nuevo proyecto político. interpretado por quienes nada tuvieron que ver con la catástrofe.

El nuevo Presidente de los EE. UU., Barak Obama al parecer representa, esa circulación de elites, y ese nuevo proyecto político. No le debe el triunfo a nadie. Ni siquiera a su Partido Demócrata, pues mas bien su Partido le debe a él, el resurgir después de ocho años de derrotas.

Al no ser responsable de lo que pasó, encarna la Esperanza y el Cambio indispensable, quien podrá encaminar su país hacia un camino de solución o al menos lo aleje del abismo de una larga recesión para bien de los estadounidenses y del globo entero.

Nunca antes en la historia estadounidense, desde F. D. Roosvelt en 1932, nadie llegaba a la Presidencia de EE. UU. con tanta imagen de cambio y renovación. Y con tantas posibilidades de darle la vuelta a esta página de la crisis económica mundial.

Con este breve recuento del Crash de 1929 y la Crisis de 1987, ahora sí este libro presenta los análisis y reflexiones de los expertos sobre la actual Crisis Económica Mundial.

PRIMERA PARTE

Reflexiones sobre la Crisis

PAUL KRUGMAN

Premio Nobel de Economía 2008.

Derechos especiales para este libro

LA CRISIS PASO A PASO

Septiembre 18 de 2008: Juego Final de la Crisis

El sábado, Henry Paulson, Secretario del Tesoro, trataba de trazar una línea en la arena en contra de las ayudas financieras adicionales de las instituciones financieras en quiebra; cuatro días después, enfrentado con una crisis girando fuera de control, la mayoría de Washington parece haber decidido que el gobierno no era el problema, es la solución. Lo impensable –una adquisición de la participación mayoritaria del gobierno de gran parte de las deudas incobrables del sector privado– se ha vuelto inevitable.

La historia hasta ahora: la verdadera conmoción después de que las Feds no pudieron comprar la parte de Lehman Brothers no fue la caída del Dow, fue la reacción de los mercados crediticios. Básicamente, los prestamistas entraron en huelga: la deuda del gobierno de los Estados Unidos, que aún es percibida como la más segura de todas las inversiones –si el gobierno se quiebra, que otra cosa vale la pena?– fue comprada al instante aunque ésta esencialmente no pagó nada, mientras que los supuestos prestatarios privados fueron congelados.

Así, los bancos normalmente pueden tomarse préstamos entre si a tasas ligeramente por encima de la tasa de interés de las Letras del Tesoro. Pero el jueves por la mañana, la tasa promedio de interés para préstamos interbancarios a tres meses era del 3.2%, mientras que la tasa de interés en las Tesorerías correspondientes era del 0.05%. Y no, este no es un error de impresión.Esta lucha de seguridad ha recortado el crédito a muchos negocios, incluyendo a los principales participantes del sector financiero –y eso, a su vez, nos está exponiendo a más quiebras grandes y pánico adicional. También está reduciendo el gasto de las empresas, una mala cosa ya que los signos indican que la crisis económica se está profundizando.

Y la Reserva Federal, que normalmente toma la delantera en combatir las recesiones, no puede hacer mucho esta vez porque las herramientas estándar de la política monetaria han perdido su poder. Generalmente la Fed responde a la debilidad económica comprando Letras del Tesoro, con el fin de bajar las tasas de interés. Pero la tasa de interés en las Tesorerías ya es de cero, para todos los fines prácticos; que más puede hacer la FED?

Bien, puede prestar dinero al sector privado –y lo ha estado haciendo a gran escala. Pero estas concesiones de préstamos no han evitado el deterioro de la situación.

Solo hay un punto luminoso en el cuadro: las tasas de interés sobre hipotecas han bajado abruptamente desde que el gobierno federal se hizo cargo de Fannie Mae y Freddie Mac, y garantizó sus deudas. Y hay una lección en esto para quienes están dispuestos a escucharla: la toma de control de las empresas por parte del gobierno (adquisiciones) puede ser la única forma de hacer que el sistema financiero funcione de nuevo.

Algunas personas han estado sosteniendo ese argumento por algún tiempo. Más recientemente, Paul Volcker, ex–presidente de la Fed, y otros dos veteranos de las pasadas crisis financieras publicaron un artículo en el diario Wall Street Journal en el que declaran que la única forma de evitar «la madre de todas las contracciones de crédito» es crear un nuevo organismo del gobierno para «comprar los papeles en problema» –es decir, hacer que los contribuyentes se hagan cargo de los activos malos creados por la depresión económica de la vivienda y la desviación especulativa al alza del crédito. Viniendo del señor Volcker, dicha propuesta goza de muy buena credibilidad.

Miembros influyentes del Congreso, incluyendo la señora Hilary Clinton y el señor Barney Frank, Presidente del Comité de Servicios Financieros de la Cámara, tienen argumentos similares. Y el jueves, Charles Schumer, Presidente del Comité Económico Conjunto (y defensor para crear un nuevo organismo para resolver la crisis financiera) le dijo a los reporteros que «la Reserva Federal y el Tesoro se han dado cuenta que necesitamos una solución más amplia». Con toda seguridad, el jueves en la noche Ben Bernake y el señor Paulson se reunieron con los líderes del Congreso para discutir un «enfoque amplio» del problema.

Aún no sabemos de qué se trata el «enfoque amplio». Ha habido comparaciones útiles para el rescate financiero que el gobierno de Suecia realizó a principios de los años 1990, un rescate que incluía una adquisición pública temporal de una gran parte del sistema financiero del país. Sin embargo, no es claro si los legisladores de Washington están preparados para ejercer un grado comparable de control. Y si no lo están, esto podría convertirse en un rescate equivocado –una ayuda financiera de los accionistas como también del mercado, en efecto rescatando la industria financiera de las consecuencias de su propia codicia.

Adicionalmente, incluso un rescate bien diseñado costaría mucho dinero. El gobierno de Suecia gastó el 4% de su Producto Interno Bruto (P. I. B.), que en nuestro caso representaría US$600 mil millones –aunque el gravamen financiero a los contribuyentes Suecos fue mucho menor, porque el gobierno finalmente pudo vender los activos que había adquirido, en algunos casos con beneficios generosos.

Pero no se puede estar gimoteando (lo siento, Senador Gramm) por la expectativa de un plan de rescate financiero. El sistema político de los Estados Unidos de hoy no va a seguir el infame consejo que Andrew Mellon le dio a Herbert Hoover: «liquide la mano de obra, liquide las existencias, liquide a los agricultores, liquide la finca raíz.» La gran adquisición de la participación mayoritaria se acerca; la única duda es si se hará bien.

Septiembre 21 de 2008: Dinero a Cambio de Basura

Algunos escépticos han llamado el plan de rescate del sistema financiero de los Estados Unidos de 700 mil millones de dólares de Henry Paulson «dinero a cambio de basura». Otros han llamado a la legislación propuesta, la Autorización para el Uso de la Fuerza Financiera, haciendo honor a la Autorización para el Uso de la Fuerza Militar, el infame proyecto de ley que le dio a la administración Bush luz verde para invadir a Irak.

Se hace justicia en los patíbulos. Todo el mundo concuerda en que se debe hacer algo importante. Pero el señor Paulson está exigiendo poderes extraordinarios para él mismo –y para su sucesor– para desplegar el dinero de los contribuyentes a favor de un plan que, en lo que puedo ver, no tiene sentido.

Algunos están diciendo que simplemente debemos confiar en el señor Paulson, porque él es una persona inteligente que sabe lo que está haciendo. Pero eso sólo es verdad a medias: él es una persona inteligente, pero que, exactamente, según la experiencia del año y medio pasado – periodo durante el cual el señor Paulson en repetidas ocasiones declaró la crisis financiera como «restringida», y luego ofreció una serie de arreglos sin éxito

– justifica la creencia de que él sabe lo que está haciendo? El lo está arreglando mientras prosigue, como el resto de nosotros. Así que tratemos de pensar esto de principio a fin para bien de nosotros. Yo tengo una opinión de 4 pasos sobre la crisis financiera:

1. El estallido de la burbuja (ilusión) de la vivienda ha llevado a una oleada de incumplimientos de pagos y procedimientos ejecutivos hipotecarios, que a su vez ha conducido a una caída en los precios de los títulos valores respaldados por hipotecas –activos cuyos valores finalmente provienen de los pagos de hipotecas.
2. Estas pérdidas financieras han dejado muchas instituciones financieras con muy poco capital – muy pocos activos comparados con sus deudas. Este problema es esencialmente grave porque todo mundo asumió mucha deuda durante los años de desviación especulativa.
3. Debido a que las instituciones financieras tienen muy poco capital con relación a sus deudas, no han podido ni están dispuestos a ofrecer el crédito que la economía necesita.
4. Las instituciones financieras han tratado de pagar sus deudas vendiendo activos, incluyendo los títulos valores respaldados por hipotecas, pero esto lleva a que los precios de los activos bajen haciendo que su posición financiera sea aún peor. Este círculo vicioso es lo que algunos llaman la «paradoja de reducir el nivel de endeudamiento».

El plan de Paulson requiere que el gobierno federal compre hasta un valor de 700 mil millones de dólares de activos en dificultades, principalmente títulos valores respaldados por hipotecas. Cómo resuelve esto la crisis?.

Bien, esto podría – podría– romper el círculo vicioso de la reducción de endeudamiento, paso 4 de mi descripción. Aunque eso no sea claro: los precios de muchos activos, no solamente los que el Tesoro propone comprar, están bajo presión. E incluso si el círculo vicioso es limitado, el sistema financiero aún será debilitado por el capital insuficiente.

O más bien, será debilitado por el capital insuficiente a menos que el gobierno federal pague demasiado por los activos que compre, dándole a las firmas financieras – y a sus accionistas y ejecutivos – una gigante ganga inesperada a costas del contribuyente. ¿Mencioné que no estoy muy contento con este plan?

La lógica de la crisis parece requerir una intervención, no el paso 4, sino el paso 2: el sistema financiero necesita más capital. Y si el gobierno le va a proveer capital a las firmas financieras, obtendrá lo que tiene derecho la gente que ofrece capital – una acción en propiedad, para que todas las ganancias si el plan de rescate funciona, no vayan a la gente que formaron el lió en primer lugar.

Eso es lo que pasa en la crisis de los ahorros y de los préstamos: las Feds asumen la propiedad de los bancos malos, no solamente de sus activos malos. Eso también es lo que pasa con Fannie y Freddie. (y a propósito, ese rescate ha hecho lo que se supone que debe hacer. Las tasas de interés de las hipotecas han bajado abruptamente desde la toma del poder del federal.)

Pero el señor Paulson insiste en que él quiere un plan «limpio». «Limpio», en este contexto, significa una ayuda financiada al contribuyente sin condiciones – *no quid pro quo* de parte de quienes fueron auxiliados. ¿Por qué eso es una buena cosa? Agréguele a esto el hecho de que el señor Paulson también es una autoridad exigente y dictatorial, más la inmunidad de revisión «por un tribunal de derecho o una agencia administrativa», y esto resulta ser una propuesta inaceptable.

Soy conciente que el Congreso está bajo una enorme presión para que apoye el plan de Paulson en los próximos días, con a lo sumo unas pocas modificaciones que lo hacen ligeramente menos malo. Básicamente, después de haber pasado un año y medio diciéndole a todo el mundo que las cosas estaban bajo control, la administración Bush dice que el cielo se está cayendo, y que para salvar el mundo tenemos que hacer exactamente lo que la administración dice ahora.

Pero yo le recomiendo al Congreso que haga una pausa, que respire profundo, y trate seriamente de volver a revisar la estructura del plan, haciendo de él un plan que afronte el verdadero problema. No permita que usted sea obligado a aprobarlo precipitadamente –si este plan se aprueba como actualmente está planteado, todos lo sentiremos mucho en un futuro no muy distante.

Septiembre 25 de 2008: ¿Dónde están los Adultos?

Muchas personas tanto de la derecha como de la izquierda están furiosas con la idea de usar el dinero de los contribuyentes para ayudar al sistema financiero de América. Tienen razón de estar furiosos, pero no hacer nada no es una opción responsable. Ahora mismo, los participantes de todo el sistema se niegan a prestar y acaparar dinero efectivo –y este colapso de crédito les recuerda a muchos economistas la retirada súbita y masiva de los depósitos de los bancos que trajo la Gran Depresión.

Es cierto que no sabemos con seguridad que el paralelo sea justo. Quizá podamos permitir que Wall Street implosione y Main Stree escape ileso. Pero eso no es una opción que queramos tomar.

Así que lo que es propio de un adulto es hacer algo para rescatar el sistema financiero. La gran pregunta es, hay adultos por ahí – y podrán encargarse el asunto?

A principios de esta semana, Henry Paulson, el Secretario del tesoro, trató de convencer al Congreso de que él era el adulto de la sala, que vino a protegernos del peligro. Y él exigió autoridad total sobre el rescate: US$700 mil millones para ser usados a su discreción, con inmunidad para futuras críticas.

El Congreso se opuso. Ningún funcionario del gobierno debe ser encargado de ese tipo de privilegio monárquico, menos ningún funcionario que corresponda a la administración que engañó a América para ir a la guerra. Además, el record de seguimiento del señor Paulson es todo menos tranquilizador: él estaba bien atrás de la curva en la apreciación de la profundidad de las calamidades financieras de la nación, y en parte es su culpa que hayamos llegado al momento actual de fusión.

Además, el señor Paulson nunca ofreció una explicación convincente en el sentido de cómo se suponía que funcionara su plan –y la opinión de muchos economistas fue, en efecto, que no funcionaría a menos que llegara a ser un gran programa próspero para la industria financiera.

Pero si el señor Paulson no es el adulto que necesitamos, estarán los líderes del Congreso listos y dispuestos a asumir el rol?

Bien, el bipartidario «acuerdo sobre principios» publicado el jueves parece mucho mejor que el plan original de Paulson. De hecho, dicho acuerdo pone al señor Paulson mismo bajo supervisión adulta, requiriendo una junta de vigilancia «con extinción de autoridad». También limita la autorización del señor Paulson: el solamente (solamente!) puede utilizar US$250 mil millones ahora mismo. Mientras tanto, el acuerdo requiere límites sobre el pago ejecutivo a las firmas que obtienen dinero federal. Lo que es más importante, «requiere que cualquier transacción incluya participación del patrimonio». Por qué eso es tan importante? El problema fundamental con nuestro sistema financiero es que los efectos indirectos del golpe de la vivienda han dejado las instituciones financieras con muy poco capital. Cuando el señor Paulson finalmente se dignó ofrecer una explicación de su plan, argumentaba que él podía resolver este problema con los «mecanismos de formación del precio» –que una vez los fondos de los contribuyentes hubieran creado un mercado para la pérdida tóxica relacionada con las hipotecas, todo mundo se daría cuenta que la pérdida tóxica realmente vale mucho más que por lo que realmente se vende, resolviendo el problema de capital. Nunca diga nunca jamás, yo creo –pero uno no quiere arriesgar US$700 mil millones en pensamientos de deseos.

En lugar de ello, lo más posible es que el gobierno de los Estados Unidos terminará haciendo lo que los gobiernos siempre hacen frente a las crisis financieras: usar el dinero de los contribuyentes para bombear capital al sistema financiero. Según el plan original de Paulson, el Tesoro probablemente habría hecho esto comprando la pérdida tóxica por mucho más de lo que valía –y no hubiera conseguido nada como compensación. Lo que los contribuyentes deberían conseguir es el beneficio al que tienen derecho quienes ofrecen el capital: una acción en propiedad. Y de eso es de lo que se trata la participación del patrimonio.

El plan del Congreso, entonces, parece mucho mejor – mucho más adulto –que el plan de Paulson, del que se decía que era muy corto en detalle, y los detalles son fundamentales. Que precio pagarán los contribuyentes para asumir las pérdidas tóxicas? Cuánto patrimonio obtendrían ellos en compensación? Esas cifras harán la diferencia.

Esto tiene que ser un plan de ambos partidos políticos, y no solo a nivel de liderazgo. Los demócratas no aprobarán el plan sin los votos de los afiliados corrientes, es decir la tropa de los Republicanos –y el jueves en la noche, esa tropa de Republicanos se estaba oponiendo.

Adicionalmente, un Republicano que no es de la tropa, el Senador John McCain, aparentemente está jugando a obtener un triunfo inesperado. Al principio de esta semana, mientras se negaba a decir si apoyaba el plan Paulson, él sostuvo que no había tenido la oportunidad de leerlo; el plan es solo de tres hojas. Luego él mismo se introdujo para hacer parte de las delicadas negociaciones sobre el plan del Congreso, insistiendo en la reunión de la Casa Blanca en la cual él supuestamente dijo poco –pero durante tal reunión el consenso colapsó.

La conclusión, entonces, es que parece haber algunos adultos en el Congreso, dispuestos a hacer algo para ayudarnos a salir de esta crisis. Pero los adultos aún no se han encargado de ello.

Octubre 2 de 2008: Al Borde del Abismo

Hace apenas tres semanas, aún era posible sostener que el estado de la economía de los Estados Unidos, si bien claramente no era bueno, tampoco era desastroso – que el sistema financiero, aunque se encuentra sufriendo el estrés, no estaba totalmente fundido y que los problemas de Wall Street no estaban teniendo mucho impacto en Main Street.

Pero eso fue en ese momento.

Las noticias financieras y económicas desde mediados del mes pasado han sido verdaderamente malas. Y lo que verdaderamente es alarmante es que estamos entrando en un periodo de crisis severa con un liderazgo débil y confundido.

La ola de malas noticias comenzó el 14 de septiembre, cuando Henry Paulson, Secretario del Tesoro, pensaba que podía salir airoso permitiéndole a Lehman Brothers , el banco de inversiones, el estado de quiebra; él estaba equivocado. La situación difícil de los inversionistas atrapados por el colapso de Lehman Brothers –como lo señaló un artículo de The Times, Lehman se convirtió en «el Motel Roach de Wall Street: Ellos registraban la entrada (check in), pero no revisaban la cuenta a la salida (check out) –creó pánico en los mercados financieros, que habían empeorado en la medida que los días pasaban. Los indicadores del estrés financiero han subido al equivalente de una fiebre de 107 grados, y gran parte del sistema financiero simplemente han cerrado.

Existe una prueba creciente de que la crisis financiera se ha extendido hasta Main Street, causando que los negocios pequeños tengan problemas para reunir dinero y que sus líneas de crédito hayan sido cortadas. Y los indicadores principales de empleo y producción industrial han empeorado, sugiriendo que aún antes de la caída de Lehman, la economía, que se estaba debilitando desde el año pasado, estaba cayendo por un despeñadero.

¿Qué tan malo es esto? Normalmente la gente sensata lo percibe en forma apocalíptica. El jueves, el negociante de bonos John Cansen declaró que las condiciones actuales son *«el equivalente financiero del Régimen del Terror durante la Revolución Francesa,»* mientras que Joel Prakken de Macroeconomic Advisers dice que la economía parece estar en al «borde del abismo».

Y la gente que nos debieran sacar del abismo se fue a almorzar.

La Cámara probablemente votará el Viernes por la última versión del plan de ayuda de los 700 mil millones de dólares – originalmente el plan Paulson, luego el plan Paulson–Dodd–Frank, y ahora, creo, el plan Paulson–Dodd–Frank–Pork (que ha sido adornado desde que la Cámara lo rechazó el lunes). Espero que sea aprobado, simplemente porque estamos en medio del pánico financiero, y otra negativa al voto haría que el pánico empeorara. Pero eso simplemente es otra forma de decir que la economía es ahora un rehén de los disparates del Departamento del Tesoro.

Pero la realidad es que el plan ofrecido es algo de pésima calidad. El sistema financiero ha permanecido bajo estrés severo por más de un año, y deberían tenerse listos planes de contingencia cuidadosamente concebidos para ponerlos a funcionar en caso de que los mercados se fundieran. Obviamente, no los había: El plan Paulson claramente fue elaborado de prisa y en confusión. Y los funcionarios del Tesoro aún tienen que ofrecer una explicación clara de cómo se supone que funciona el plan, probablemente porque ellos mismos no tienen ni idea de lo que están haciendo.

A pesar de esto, como ya lo dije, espero que el plan sea aprobado, porque de no ser así probablemente tendremos que ser testigos de un pánico aún peor en los mercados. Pero en el mejor de los casos, el plan tendrá algún tiempo para buscar una solución real a la crisis.

Y eso suscita la pregunta: ¿Tenemos ese tiempo?

Una solución a nuestras calamidades económicas tendrá que comenzar con un rescate mucho mejor concebido del sistema financiero – uno que casi con toda seguridad incluirá al gobierno de los Estados Unidos para que asuma la propiedad parcial y temporal de ese sistema, en la forma como el gobierno de Suecia lo hizo a principios de los años 1990. Sin embargo es difícil imaginar que la administración Bush de ese paso.

Nosotros también necesitamos desesperadamente un plan de estímulo económico para hacer retroceder la caída en el gasto y el empleo. Y esta vez más vale que sea un plan serio que no cuente con la magia del recorte de impuestos, sino que en lugar de ello haga inversiones donde se requiera. (La ayuda para un estado necesitado de efectivo y gobiernos locales, que están reduciendo radicalmente el gasto en precisamente el peor momento, también es prioritaria). Sin embargo es difícil imaginar a la administración Bush, en sus últimos meses, fiscalizando la creación de una nueva Administración de Avance en Obras.

Así que, probablemente tengamos que esperar a la siguiente administración, la cual deberá estar más inclinada a hacer lo correcto –Aunque incluso eso de ninguna manera es algo seguro, dada la incertidumbre de los resultados de las elecciones.

Y si bien las elecciones están a solo 32 días, quedarán casi 4 meses para que la nueva administración asuma el cargo. Mucho puede –y probablemente podrá – ir mal en esos 4 meses.

Una cosa si es segura: sería mejor que el equipo económico de la próxima administración esté listo y no pierda tiempo, porque desde el primer día se encontrará con la peor crisis económica y financiera que no se presenta desde la Gran Depresión.

Octubre 9 de 2008: Momento de la Verdad

El mes pasado cuando el Departamento del Tesoro de los Estados Unidos le permitió a Lehman Brothers declararse en banca rota, yo escribí que Henry Paulson, secretario del Tesoro, estaba jugando a la ruleta rusa financiera. Con toda seguridad, había una bala en esa cámara. El fracaso de Lehman hizo que la crisis financiera mundial, ya de por si severa, empeorara.

Las consecuencias de la caída de Lehman fueron aparentes por algunos días, sin embargo los actores de las políticas principales han desperdiciado en gran manera las últimas cuatro semanas. Ahora ellos han llegado al momento de la verdad: Es mejor que hagan algo y pronto – en realidad, es mejor que ellos anuncien un plan de rescate coordinado esta semana – o la economía mundial bien puede experimentar su peor caída repentina desde la Gran Depresión.

Hablemos sobre el punto donde ahora estamos.

La actual crisis comenzó con una desviación especulativa al alza (ilusión) de la vivienda, lo cual condujo a un incumplimiento ampliamente difundido en el pago de las hipotecas, y como consecuencia a grandes pérdidas en muchas instituciones financieras. Ese golpe inicial se agravó por los efectos secundarios, como el hecho de la falta de capital que obligó a los bancos a retirarse, lo cual condujo a caídas adicionales en los precios de los activos y en consecuencia acarreando más pérdidas y así sucesivamente –un círculo vicioso de «reducción del nivel de endeudamiento». Las pérdidas penetrantes de confianza en los bancos, reforzaron el círculo vicioso.

El espiral descendente se aceleró después de la caída de Lehman. Los mercados financieros ya en dificultades, efectivamente cerraron – una frase que actualmente va de boca en boca es que lo único que alguien quiere comprar ahora son los Letras del Tesoro a corto plazo y agua embotellada.

La respuesta a este espiral descendente de parte de las dos potencias monetarias más grandes del mundo – los Estados Unidos, de un lado, y las 15 naciones que usan el euro, de otro lado – ha sido lamentablemente inapropiada.

Europa, que carece de un gobierno común, literalmente no ha podido mantener su acción conjunta, cada país ha diseñado su propia política, con poca coordinación y propuestas para una respuesta unificada, lo cual no los lleva a ninguna parte.

Los Estados Unidos deberían haberse mantenido en una posición mucho más fuerte. Y cuando el señor Paulson anunció su enorme plan de ayuda para sacar de apuros la economía, se pudo experimentar un sentimiento temporal de optimismo. Pero pronto se pudo aclarar que el plan sufría de una falta fatal de claridad intelectual. El señor Paulson propuso comprar a los bancos un valor de US$700 mil millones de los «activos en dificultad» –títulos valores relacionados con hipotecas tóxicas–, pero él nunca pudo explicar cómo esto podría ayudar a resolver la crisis.

Lo que él debió haber propuesto, y muchos economistas concuerdan, era una inyección directa de capital en las firmas financieras: El gobierno de los Estados Unidos le suministraría a las instituciones financieras el capital que ellas necesitaban para hacer negocios, y con ello detener el espiral descendente, a cambio de la propiedad parcial. Cuando el Congreso modificó el plan de Paulson, introdujo algunas disposiciones que hacían posible, pero no obligatoria dicha inyección de capital. Y hasta hace dos días, el señor Paulson se oponía resueltamente a hacer lo correcto.

Pero el miércoles, el gobierno Británico, demostrando la clase de pensamiento claro que ha sido muy escaso en este lado del charco, anunció un plan para proveer a los bancos una inyección nueva de capital de 50 mil millones de libras esterlinas –el equivalente, relativo al tamaño de la economía de un programa de US$500 mil millones aquí – junto con amplias garantías para las transacciones financieras entre bancos. Y ahora los funcionarios del Tesoro de los Estados Unidos dicen que ellos planearon hacer algo similar, usando la autoridad que ellos no querían pero que de todas formas el Congreso se la dio.

La pregunta ahora es si dichas jugadas son muy pequeñas, muy tardías. No lo creo, pero sería muy alarmante si este fin de semana pasa sin que se produzca un anuncio que goce de credibilidad en relación con un nuevo plan de rescate financiero, que comprometa no solo a los Estados Unidos, sino a los principales actores o participantes.

Porqué necesitamos la cooperación internacional? Porque tenemos un sistema financiero globalizado en el cual una crisis que comenzó con una desviación especulativa o ilusoria en los condominios de Florida y las Mansiones de California ha causado una catástrofe financiera en Islandia. Luego todos estamos comprometidos en esto y por lo tanto necesitamos una solución compartida.

Porqué este fin de semana? Porque sucede que se van a realizar dos grandes reuniones en Washington: una reunión de los más altos funcionarios financieros de las naciones más avanzadas el viernes y luego la asamblea anual del Fondo Monetario Internacional/Banco Mundial el sábado y el domingo. Si estas reuniones terminan sin haber logrado por lo menos un acuerdo en principio sobre un plan de rescate global – si todos se van a casa sin nada más que aserciones vagas de que ellos proponen mantenerse en la cima de la situación – se habrá perdido una oportunidad valiosísima, y el espiral descendente fácilmente podría empeorarse.

Que se debe hacer? Los Estados Unidos y Europa deberían simplemente decir «Si señor Primer Ministro». El plan Británico no es perfecto, pero existe un consenso ampliamente difundido entre los economistas que dicho plan ofrece el mejor modelo disponible para un esfuerzo más amplio de rescate.

Y el momento de actuar es ahora. Uno podría pensar que las cosas no pueden ser peor –pero si podrían serlo, y si en los próximos días no se hace nada, las cosas empeorarán.

Octubre 16 de 2008: Seamos Fiscales

El índice Dow está subiendo! No, se está yendo al fondo, No, está subiendo! No, está…

No te preocupes. Mientras el maniacodepresivo mercado bursátil está ocupando los titulares de los medios, la historia más importante es la de las noticias sombrías que aparecen con relación a la economía real. Ahora se tiene claro que el rescate de los bancos es solo el principio: la economía no financiera también necesita ayuda desesperadamente.

Y para ofrecer dicha ayuda, vamos a tener que hacer a un lado los prejuicios. Desde el punto de vista político está de moda despotricar contra el gasto del gobierno y exigir responsabilidad fiscal. Pero en este momento, lo que el doctor ordena es el aumento en el gasto del gobierno, y por lo tanto se debe dejar en espera las preocupaciones acerca del déficit presupuestal. Antes de llegar allá, hablemos de la situación económica. Justo esta semana, supimos que las ventas al detal han caído considerablemente, e igualmente ocurre con la producción industrial. Las denuncias de desempleo se encuentran en niveles excesivos de recesión, y el índice de manufactura de Fed Filadelfia está cayendo al ritmo más rápido en casi 20 años. Todos los indicios señalan una crisis económica que será peligrosa, brutal – y larga.

Que tan Peligrosa? La tasa de desempleo ya está por encima del 6% (y las mediciones más amplias de desempleo ya están en dos dígitos). Ahora es virtualmente cierto que la tasa de desempleo subirá por encima del 7%, y bastante posible que se ubique por encima del 8%, haciendo de ésta la peor recesión en un cuarto de siglo.

¿Y por cuanto tiempo? En realidad puede ser muy larga.

Piense en lo que pasó en la última recesión, que siguió después del estallido de la burbuja (ilusión) de la tecnología de finales de los años 1990s. En el aspecto superficial, la respuesta de la política a dicha recesión parece como una historia exitosa. Si bien había temores ampliamente difundidos de que los Estados Unidos experimentaría una «década de pérdidas» al estilo Japonés, la cual no ocurrió: la Reserva Federal pudo ingeniarse una recuperación de esa recesión reduciendo las tasas de interés.

Pero la verdad es que nosotros estuvimos observando a los Japoneses durante un buen rato: la Fed (Reserva Federal) tuvo momentos difíciles para lograr la tracción. A pesar de los respectivos recortes de tasas de interés, que a la larga llevó la tasa de fondos federales a sólo 1%, la tasa de desempleo simplemente siguió subiendo; esto fue más de dos años antes de que la situación de trabajo empezara a mejorar. Y cuando finalmente llegó una recuperación convincente, solo se dio porque Alan Greenspan se las arregló para reemplazar la ilusión de la tecnología por la ilusión de la vivienda.

Ahora la ilusión de la vivienda ha estallado, dejando el panorama financiero salpicado de despojos. Incluso si funcionan los esfuerzos actuales para rescatar el sistema bancario y descongelar los mercados crediticios – y si bien estamos en los primeros días todavía, los resultados iniciales han sido desalentadores –

es difícil ver la vivienda haciendo su regreso pronto en cualquier momento.

En otras palabras, no hay mucho que Ben Bermanke pueda hacer por la economía. El puede y debe recortar las tasas de interés aún más –pero nadie espera que esto haga más que ofrecer un leve auge económico.

De otro lado, hay mucho que el gobierno federal puede hacer por la economía. Puede por ejemplo, ofrecer amplios beneficios para el desempleo, lo cual ayudaría a las familias en peligro a arreglárselas y colocar el dinero en manos de personas que probablemente lo inviertan. Puede ofrecer ayuda de emergencia a los gobiernos estatales y locales, con el fin de que no se vean obligados a hacer recortes fuertes en el gasto de modo que rebajen la calidad de los servicios públicos y eliminen puestos de trabajo. Puede comprar deudas de hipotecas (pero no a valor nominal, como lo ha propuesto John McCain) y reestructurar las condiciones o términos para ayudar a las familias a que permanezcan en sus casas.

Y este también es un buen momento para participar en algunas inversiones serias de infraestructura, que el país necesita con urgencia en cualquier caso. El argumento usual contra las obras públicas como estímulo económico es que dichas obras toman mucho tiempo: en el momento que uno llegue a atender las reparaciones de un puente y mejorar la línea de ferrocarril, la crisis ha terminado y ya no se requiere el estímulo. Bien, dicho argumento no tiene fuerza ahora, ya que la probabilidad de que la crisis termine pronto en algún momento es virtualmente nula. Así que démosle curso a esos proyectos.

¿La próxima Administración hará lo que se requiere para afrontar la crisis económica? No si el señor McCain triunfa contra los pronósticos obteniendo una victoria inesperada. – pero cuando al señor MacCain le preguntaron en uno de los debates, cómo afrontaría él la crisis económica, respondió: «Bien, lo primero que tenemos que hacer es controlar el gasto».

Si el señor Barack Obama llega a ser presidente, él no tendrá la misma oposición de reflejo rotuliano al gasto. Pero tendrá que afrontar un grupo de personas que le estén diciendo que tiene que ser responsable, que los déficits grandes que el gobierno corra el próximo año, si éste hace lo correcto serán inaceptables.

El debe ignorar a ese grupo de personas. Lo que es responsable, ahora mismo, es darle a la economía la ayuda que necesita. Ahora no es momento para preocuparse por el déficit.

Traducción de Víctor M. Rojas G.
Traductor e intérprete oficial - Resolución Nº 0286 Minjusticia 1977

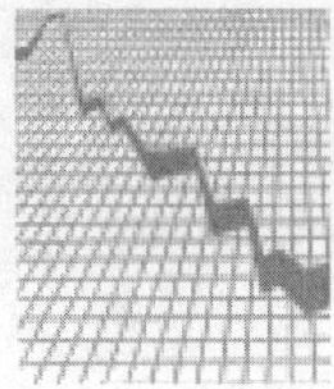

JOSEPH STIGLITZ

Premio Nobel de Economía 2001.
Entrevista con Nathan Gardels, Editor Global Viewpoint.

LA CAÍDA DE WALL STREET ES PARA EL FUNDAMENTALISMO DE MERCADO LO QUE LA CAÍDA DEL MURO DE BERLÍN FUE PARA EL COMUNISMO

Nathan Gardels: Barack Obama ha dicho que la caída de Wall Street es la crisis financiera más grande desde la Gran Depresión. John McCain dice que la economía está amenazada, pero que es fundamentalmente fuerte. ¿Cual es la verdad?

Joseph Stiglitz: Obama está mucho más cerca de lo correcto. Sí, América tiene gente de talento, grandes universidades y un buen sector de alta tecnología. Pero los mercados financieros han desempeñado un papel muy importante, contando el 30% de las utilidades corporativas en los últimos años.

Quienes manejan los mercados financieros han logrado estas utilidades bajo el argumento de que están ayudando a manejar el riesgo y distribuyendo con eficiencia el capital, por lo cual, decían, «merecían» estas altas ganancias. Se ha demostrado que esto no es verdad. Lo han administrado malamente.

Ahora se ha volteado y les muerde y entonces el resto de la economía pagará al perder velocidad las ruedas del comercio debido al apretón en el crédito. Ninguna economía moderna puede funcionar bien sin un vibrante sector financiero.

Entonces, el diagnóstico de Obama de que nuestro sector financiero se encuentra en una condición desesperada es correcto. Y si tiene esta condición desesperada, ello significa que nuestra economía está en condición desesperada.

Incluso si no estuviéramos viendo la agitación financiera, sino al nivel del hogar, la deuda nacional y federal, existe un gran problema. Nos estamos ahogando. Si analizamos la desigualdad, la más grande desde la Gran Depresión, ahí tenemos un gran problema. Si analizamos el estancamiento en los salarios, allí hay un gran problema.

La mayor parte del crecimiento económico que hemos tenido en los últimos cinco años se ha basado en la burbuja de la vivienda, que ahora se reventó. Y los frutos de ese crecimiento no se han compartido ampliamente.

En suma, las bases no son fuertes.

Gardels: ¿Cuál debiera ser la respuesta política a la caída en Wall Street?

Stiglitz: Claramente, no sólo necesitamos una re-regulación, sino un rediseño del sistema regulatorio. Durante su reinado como cabeza de la Reserva Federal en el cual creció esta burbuja financiera e hipotecaria, Alan Greenspan tuvo muchos instrumentos con los que pudo haberla detenido, pero no lo hizo. Fue seleccionado por Ronald Reagan, después de todo, por sus actitudes anti regulatorias.

Paul Volcker, el anterior jefe de la Reserva Federal conocido por mantener bajo control la inflación, fue despedido porque la administración Reagan no creyó que fuera un desregulador adecuado.

Nuestro país ha sufrido así las consecuencias de escoger como regulador en jefe de la economía a alguien que no creía en la regulación.

Entonces, primero, para corregir el problema necesitamos líderes políticos y tomadores de decisiones que crean en la regulación. Fuera de eso, necesitamos establecer un nuevo sistema que pueda hacer frente a la expansión de las finanzas y los instrumentos financieros más allá de los bancos tradicionales.

Por ejemplo, necesitamos regular los incentivos. Los bonos necesitan pagarse sobre un rendimiento multianual en lugar de cada año, lo que es alentar las apuestas. Las opciones de acciones alientan una contabilidad deshonesta y necesitan frenarse. En suma, construimos incentivos para el mal comportamiento en el sistema, y eso fue lo que obtuvimos.

También necesitamos algunos «topes.» Cada crisis financiera históricamente ha sido asociada con la muy rápida expansión de una clase particular de activos, desde los tulipanes hasta las hipotecas. Si uno frena esto, puede evitar que las burbujas salgan de todo control. El mundo no habría desaparecido si hubiésemos ampliado las hipotecas al 10% por año en lugar de al 25% por año. Conocemos tan bien el patrón que debiéramos poder hacer algo para detenerlo.

Sobre todo, necesitamos una comisión de seguridad para los productos financieros, al igual que la tenemos para los bienes de consumo. Los financieros estaban inventando productos que no pretendían administrar el riesgo, sino crearlo.

Por supuesto, creo fuertemente en la mayor transparencia. Pero, en términos de los estándares regulatorios, estos productos serán transparentes en un sentido técnico. Simplemente eran tan complejos que nadie podía comprenderlos. Si cada provisión de estos contratos se hiciera pública, no habría agregado nada de información útil sobre el riesgo para una persona mortal.

Demasiada información es igual a nada de información. En este sentido, quienes piden más información como solución para el problema no comprenden la información.

Si uno compra un producto, quiere conocer el riesgo, puro y simple. Esa es la cuestión.

Gardels: Las acciones respaldadas con hipotecas caras de la caída están repartidas en todo el mundo entre bancos y fondos soberanos de China, Japón, Europa y el Golfo. ¿Qué impacto tendrá sobre ellos esta crisis?

Stiglitz: Esto es cierto. Las pérdidas para las instituciones financieras europeas con las hipotecas sobrevaluadas han sido más grandes que en Estados Unidos.

El hecho de que Estados Unidos haya diversificado estas acciones respaldadas por hipotecas por todo el mundo — gracias a la globalización de los mercados — realmente ha suavizado el impacto en el mismo Estados Unidos. Si no hubiésemos repartido el riesgo por todo el mundo, las consecuencias para Estados Unidos habrían sido mucho peores.

Una cosa que ahora se comienza a comprender como resultado de la crisis son las asimetrías de información de la globalización. En Europa, por ejemplo, se comprendía muy poco que las hipotecas americanas son hipotecas sin recurso —si el valor de la casa llega a ser menor que el valor de la hipoteca, puede uno entregar la llave al banco y retirarse. En Europa, la casa es colateral, pero el acreedor sigue siendo responsable por la cantidad que pidió prestada sin importar lo que ocurra.

Este es un peligro de la globalización: el conocimiento es local porque uno sabe mucho más sobre su propia sociedad que los demás.

Gardels: ¿Cuál, entonces, será el último impacto de la caída de Wall Street sobre la globalización impulsada por el mercado?

Stiglitz: La agenda de la globalización ha estado estrechamente relacionada con los fundamentalistas del mercado –la ideología de los mercados libres y la liberalización financiera. En esta crisis, vemos que la mayoría de las instituciones orientadas hacia el mercado en la economía más orientada al mercado están cayendo y acudiendo al gobierno en busca de ayuda. Todos en el mundo dirán ahora que éste es el fin del fundamentalismo del mercado.

En este sentido, la caída de Wall Street es para el fundamentalismo de mercado lo que la caída del muro de Berlín fue para el comunismo — dice al mundo que esta forma de organización económica resulta no ser sustentable. Al final, todos dicen, el modelo no funciona. Este momento es una clave que parece indicar que las pretensiones de la liberalización del mercado financiero eran falsas.

La hipocresía entre la forma en que el Tesoro americano, el FMI y el Banco Mundial manejaron la crisis asiática de 1997 y la forma en que se maneja ésta ha acentuado la reacción intelectual. Los asiáticos dicen ahora, «espera un minuto, ustedes nos dijeron que deberíamos imitar a Estados Unidos. Ustedes son el modelo. Si hubiésemos seguido su ejemplo estaríamos en el mismo problema. Quizá ustedes puedan con él. Nosotros no.

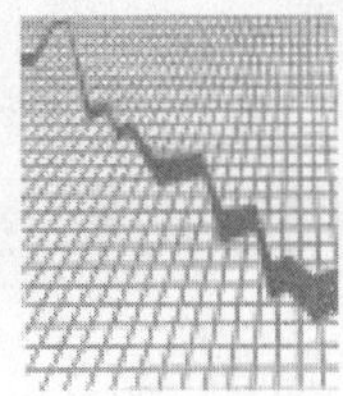

GEORGE SOROS

Financista, Inversionista y Filántropo.

Entrevista con Nathan Gardels, Editor Global Viewpoint.

EL FIN DE LA CRISIS FINANCIERA ESTÁ A LA VISTA

Nathan Gardels: Hablemos primero de la naturaleza de la crisis. Gracias a bajas tasas de interés, liquidez global y desregulación, hemos tenido una burbuja de expansión del crédito durante 25 años, auto-reforzada, llevando a una «exuberancia irracional,» como se dijo alguna vez, en los mercados financieros. Ahora tenemos la caída auto-reforzada de los mercados de acciones y del crédito –»desesperación irracional»– no justificadas por las bases económicas en la economía real. ¿Cómo cabe este patrón dentro de su teoría de la reflexividad y su nuevo paradigma para comprender las finanzas?

George Soros: La clave para comprender esta crisis — la peor desde los 1930s — es ver que fue generada dentro del sistema financiero mismo. Lo que estamos viendo no es el resultado de algún choque externo que derribó el equilibrio, como habría de sugerir el paradigma prevaleciente, que cree que los mercados son auto-corregibles. La realidad es que los mercados financieros son auto-desestabilizantes; ocasionalmente tienden hacia el desequilibrio, no hacia el equilibrio. El paradigma que propongo difiere del tradicional en dos sentidos. Primero, los mercados financieros no reflejan las bases económicas reales. Las expectativas de los corredores y de los inversionistas siempre las están distorsionando. Segundo, estas distorsiones de los mercados financieros pueden afectar a las bases -como hemos visto tanto en burbujas como en caídas. La euforia puede levantar los precios de la vivienda y de las compañías .com; el pánico puede hacer caer a sólidos bancos.

Esta relación en dos vías -que se afecta lo que se refleja- es lo que llamo «reflexividad.» Así es como realmente funcionan los mercados financieros. Su inestabilidad se extiende ahora hacia la economía real, no al revés.

En suma, los ciclos de alza y caída, las burbujas, son endémicas del sistema financiero. La situación actual no es sólo acerca de la burbuja de la vivienda. La burbuja de la vivienda simplemente fue el detonador que hizo estallar a una burbuja mucho más grande.

Esa súperburbuja, creada por un siempre creciente uso del crédito y apalancamiento, combinado con la convicción de que los mercados son auto-corregibles, tardó más de 25 años en crecer. Ahora está explotando.

Gardels: ¿Cuál debiera ser el «fusible» para hacer cortocircuito de las distorsiones que inevitablemente desestabilizan a los mercados financieros?

Soros: Si las burbujas son endémicas al sistema, entonces lo reguladores del gobierno tienen que intervenir para evitar que las burbujas se vuelvan demasiado grandes. Los gobiernos tienen que reconocer que los mercados no son auto-corregibles. No basta recoger los pedazos luego de una crisis.

Gardels: ¿Amplifica y exagera la presencia de noticieros financieros globales las 24 horas del día las distorsiones en los mercados financieros?

Soros: Sin duda, aceleran el proceso. Al mismo tiempo, yo no exageraría. A finales del siglo 19, no teníamos cable las 24 horas, pero sin embargo se tenía la misma clase de burbujas. Durante todo el siglo 19, donde hubo una mentalidad de dejar hacer, dejar pasar e insuficiente regulación, tuvimos una crisis tras otra. Cada crisis produjo alguna reforma. Así es como se desarrolló la banca central.

Gardels: ¿Cómo es que todos los esfuerzos de los gobiernos americanos hasta ahora -el paquete de rescate por $700 mil millones, bajas tasas de intereses federales, el respaldo para los depósitos y el papel comercial- no han frenado la crisis?

Soros: Las autoridades de los Estados Unidos introdujeron al mercado la ideología fundamentalista. Pensaron que los mercados ultimadamente se corregirían a sí mismos. El Secretario del Tesoro Americano Henry Paulson lo optimizó. Pensó que seis meses después de la crisis de Bear Stearns los mercados se habrían ajustado y, «vaya, si Lehman (Brothers) quiebra, el sistema puede absorberlo.» En lugar de esto, todo se vino abajo. Ya que no comprendieron la naturaleza del problema -que el mercado no se iba a corregir a sí mismo- no vieron la necesidad de intervención gubernamental. No prepararon un plan B.

Cuando finalmente comprendieron la quiebra de Lehman, tuvieron que cambiar su mentalidad y rescatar a AIG. Al día siguiente hubo una campaña en los mercados de dinero y los mercados de papel comercial, así es que de nuevo se dio la vuelta y dijo que necesitábamos un rescate de $700 mil millones. Pero quería colocar el dinero en el lugar equivocado –quitar a los bancos las seguridades tóxicas. Finalmente han comprendido –comprando el gobierno equidad en los bancos– porque ven que el sistema financiero está al punto del colapso.

Gardels: ahora que las autoridades estadounidenses están por fin en el camino correcto, ¿cuáles son los componentes clave para resolver esta crisis?

Soros: El esbozo es claro. Hay cinco principales elementos.

- Primero, el gobierno necesita recapitalizar al sistema bancario comprando equidad en los bancos.
- Segundo, necesita reiniciar el crédito interbancario con garantías e introducir la tasa LIBOR con los fondos federales. Se está trabajando en esto. Va a ocurrir.
- Tercero, debemos reformar el sistema hipotecario en Estados Unidos, minimizando las quiebras y renegociando los créditos para que las hipotecas no valgan más que las casas. Frenar las quiebras amortiguará la caída de los precios de las casas.
- Cuarto, Europa tiene que resolver una debilidad en el euro creando una red de seguridad para sus bancos. Aunque inicialmente se resistió a ello, ahora han encontrado la religión y lo hicieron en su reunión en París el domingo.
- Quinto, el FMI debe hacer frente a la vulnerabilidad de los países de la periferia del sistema financiero global proveyendo una red de seguridad financiera. También se está trabajando en esto. Los japoneses han ofrecido ya 200 mil millones para este propósito.

Estos cinco pasos comenzarán el proceso de sanación. Si implementamos efectivamente estas medidas, habremos pasado lo peor de la crisis financiera.

Pero también, me temo, habrá consecuencias para la economía real, que ahora están cobrando inercia. En este momento, reparar el sistema financiero no detendrá una severa recesión mundial. Ya que bajo estas circunstancias el consumidor americano no puede servir ya como motor para la economía mundial, el gobierno americano debe estimular la demanda. Debido a que enfrentamos retos amenazadores de calentamiento global y dependencia energética, la próxima administración debe dirigir cualquier plan de estímulo hacia el ahorro de energía, el desarrollo de fuentes de energía alternativa y la construcción de una infraestructura verde. Este estímulo puede ser el nuevo motor para la economía mundial.

Gardels: Al final del día, ¿no estaremos viendo un panorama financiero global bastante distinto? Estados Unidos caerá como principal potencia. Tendrá, junto con partes de Europa, bancos socializados y mucha deuda. La China comunista será el nuevo poder financiero globalmente, con mucho capital y un principal inversionista en occidente.

Soros: La influencia americana va a disminuir. Ya ha declinado. Durante los últimos 25 años, hemos estado operando un constante déficit en la cuenta corriente. Los signos y los países productores de petróleo han estado operando con superávits. Nosotros hemos consumido más de lo que hemos producido. Al aumentar nuestra deuda, ellos han adquirido riqueza con sus ahorros.

Recientemente, los chinos serán propietarios demás partes del mundo porque estarán convirtiendo sus reservas en dólares y bonos del gobierno americano en activos reales.

Esto cambia las relaciones de poder. El cambio de poder rumbo al Asia es una consecuencia de los pecados de los últimos 25 años por parte de Estados Unidos.

FERNANDO HENRIQUE CARDOSO

Ex Presidente de Brasil, sociólogo y escritor.

LA ARQUITECTURA FINANCIERA

Son conocidos los mecanismos de formación de crisis financieras y el modo de su propagación. La situación actual repite la trama: abundancia de financiamiento, voracidad de los consumidores, relajación de los mecanismos de evaluación de riesgos, falta de fiscalización de las entidades crediticias y confianza «inquebrantable» en que habrá siempre quien preste y quien pague.

Iniciada en el sector inmobiliario, hubo un factor de «ingeniería financiera» que complicó la crisis actual. Los precios de las casas en Estados Unidos y Europa estaban subiendo desde hacía mucho tiempo. Había préstamos fáciles y abundantes para la compra. Los consumidores podrían pagarlos hasta el infinito y revender los inmuebles, ya fuera para comprar otros más grandes o para obtener ganancias. Los bancos y las instituciones de crédito hipotecario revendían los préstamos bajo la forma de títulos hipotecarios.

Había inversionistas ávidos por comprarlos, así como intermediarios para realizar las operaciones de venta al público en escala global: los bancos de inversión y los bancos comerciales, con sus «vehículos de inversión estructurada», creados para ese propósito. Les sobraba capacidad y creatividad para generar productos financieros nuevos, con base en esos créditos. Sabían cómo desmenuzarlos, mezclarlos entre sí y juntarlos con créditos representativos de otros activos.

Esa alquimia, decían, diluía el riesgo y multiplicaba los canales de financiamiento para toda la economía, haciendo que el dinero fluyera de las manos de quienes lo tuvieran y querían aplicarlo, a las manos de quien quisiera pedir un préstamo para comprar (inmuebles, pero no sólo). La economía crecía, las empresas tenían ganancias, los activos se revaluaban y todo el mundo ganaba ... hasta que estalló la burbuja.

La economía globalizada funciona mediante vasos comunicantes. Lo que hace un agente financiero lo imita otro, y no sólo en el país originario: Unas financieras les venden a otras en cualquier parte del mundo.

El sistema financiero funcionó fuera de los controles de los bancos centrales e incluso con su indulgencia. Sin transparencia en las operaciones se volvió difícil evaluar los riesgos y garantizar la confianza.

De una crisis de liquidez de quien no tenía cómo cumplir sus compromisos se pasó a una crisis de confianza: Nadie confía en nadie para prestar dinero, ni siquiera los bancos para prestarse unos a otros. El crédito se agota. Sólo después de propagada la crisis, los bancos centrales inyectaron los billones de dólares. Aun peor: Dejaron margen para la sospecha que, más que salvar al sistema, se estaban rescatando las fortunas personales a costa del contribuyente.

Desde hace siglos se sabe que el remedio contra la exacerbación irracional de los mercados es la regulación y la transparencia. Pero de eso sólo hay memoria después de que estalla la «burbuja».

Y no ayuda saber, como sabíamos, que los fundamentos de la economía estadounidense estaban vacilantes, con el espantoso déficit doble de 5 por ciento o más del PIB en las cuentas internas y externas, y con un gobierno gastando en guerras y disminuyendo los impuestos de los ricos.

Cuando el frenesí del lucro fácil motiva a las personas, éstas actúan en manada: todas dispuestas a comprar. Cuando la burbuja estalla, todas dispuestas a vender. Al diablo los fundamentos de la economía ...

El resultado está a la vista de todos: quiebra generalizada de la confianza. Nadie conoce a ciencia cierta la solidez de cada institución financiera ni de cada empresa, pues a éstas también les pudo haber entrado la fiebre de las hipotecas y los derivados. Los inversionistas, los especuladores y los clientes en general, en la duda, corren para colocar sus haberes en puerto seguro.

Hasta hace poco, eso era en dólares y en documentos emitidos por el banco central de Estados Unidos. ¿Hasta cuándo China y los demás países seguirán confiando en el dólar? En la crisis de los años '70, cuando el gobierno de Richard Nixon eliminó la paridad entre el dólar y el oro, los estadounidenses hicieron el ajuste de sus desatinos fiscales devaluando su moneda a costa de todo el mundo, con inflación y todo.

¿Irán los desatinos de la era de Bush por el mismo camino? Pese a todo, ahora hay una diferencia: Existe el euro. Y hay otras diferencias más, China es fuerte y hay otras economías emergentes. Apenas está comenzando el juego de los empujones por salir. La verdadera batalla vendrá después: ¿Quién pagará de hecho los costos del ajuste que tendrá que hacerse?

Ciertamente, de modo directo o indirecto, todo el mundo los pagará. Inclusive Brasil: Las líneas de crédito están agotadas para el comercio exterior; habrá dificultades para financiar nuevas inversiones; las bolsas y el real zigzaguean, aumenta el «riesgo-país», se reduce el índice de crecimiento y habrá disminución en la demanda global. Ahora pasarán la factura los seis años perdidos en dudas y batallas ideológicas por el modelo de inversión para los sectores de infraestructura. Con el capital hasta hace poco tiempo abundante, podríamos haber concluido el salto iniciado en los años 90.

Tenemos, porque fueron preservados, los instrumentos para una buena gestión de la economía: la política de metas de inflación, la ley de responsabilidad fiscal y un cambio fluctuante, respaldado por reservas internacionales robustas, además de un sistema financiero saludable, gracias al saneamiento llevado a cabo a través de Proer y de Proes.

Así, si hacemos a un lado el escapismo de pensar que no tenemos nada que ver con la crisis «estadounidense», tendremos la posibilidad de sobrevivir y retomar el crecimiento sustentable.

Es tiempo de regresar a la cuestión de la reforma de la «arquitectura financiera global», como decía el presidente Bill Clinton. Mientras estuve en la presidencia, insistí en cartas a los jefes de estado y de gobierno del grupo de los Ocho (G-8) en que la regulación financiera mundial era precaria, el FMI era impotente o estaba desviado, el Banco Mundial, empequeñecido por el volumen de las inversiones privadas.

Los esfuerzos regulatorios del BIS (el banco de Basilea que emite las normas para todos los bancos centrales) no eran obedecidos por todos, como no lo son todavía. ¡Basta decir que, mientras que los bancos brasileños no prestan más de 12 veces su capital y reservas, en Estados Unidos, las instituciones financieras «apalancadas» prestan hasta 50 veces!

Brasil, China, los demás países de economía emergente y la misma Europa deben volver al tema de la regulación global. Quizá convocando a un nuevo Bretton Woods para crear un mecanismo regulador que utilice como reserva una canasta de monedas compuesta no sólo por dólares, sino también por el euro, el yen, el reminbi y, quizá, en el futuro, al real, después de que éste fuera hecho convertible.

En medio de la pesadilla, no cuesta nada soñar un poco.

(Traducido por Jorge L. Gutiérrez)

SEGUNDA PARTE

¿Por qué pasó lo que pasó?

EDUARDO SARMIENTO PALACIO

P.h. D. Universidad de Minnesota.
Escuela Colombiana de Ingeniería.
Periódico «El Espectador» de Bogotá

CAUSAS Y EVOLUCIÓN DE LA CRISIS MUNDIAL

El desplome de las bolsas

Luego de una serie de medidas para desestimular la compra de acciones, el martes la cotización de Shanghai cayó 9%, y se extendió a todo el mundo. En Estados Unidos descendió 3.4% y en América Latina cerca de 6%. En los días siguientes se presentó una recuperación dentro de una gran volatilidad.

El resultado no es extraño. En varias economías se han presentado alzas exorbitantes de las cotizaciones de las acciones. Todo el mundo sabe que son el resultado de prácticas especulativas y expectativas que no tienen ninguna garantía de sostenibilidad. Los inversionistas y los especuladores están prestos a la primera señal de destorcida para vender acciones y movilizar los recursos a activos más estables. Basta cualquier alteración de una bolsa para que el efecto se amplié y se extienda a toda la orbe.

La inestabilidad mundial es el producto de un desequilibrio macroeconómico que no se ha entendido y no se trata en los libros de texto tradicionales. Las monumentales exportaciones de China e India y los excedentes de los países petroleros se han manifestado en superávit crecientes de la balanza de pagos que no tienen una correspondencia en los déficit. El resultado ha sido un exceso de ahorro sobre la inversión y se manifiesta en la ampliación de la liquidez mundial que se desplaza de un lugar a otro generando presiones revaluacionistas. Durante mucho tiempo los excesos de liquidez fueron absorbidos por el elevado crecimiento de Estados Unidos que se reflejaba en la revaluación del dólar y en un aumento creciente de las importaciones en relación con las exportaciones. Si embargo, las condiciones cambiaron en el último año y medio. Las políticas fiscales y monetarias contractivas disminuyeron la actividad productiva y redundaron en la devaluación del dólar y el aumento de la liquidez mundial. De un momento a otro, Estados Unidos pasó al grupo de los países que buscan el crecimiento por la vía de las exportaciones.

Hasta ahora, la economía estadounidense había logrado propiciar la devaluación y moderar la inflación, pero no parece fácil de sostenerse ante las perspectivas de alzas de precios del petróleo. Cuando Alan Greespan predice una recesión en Estados Unidos, esta reconociendo que la ortodoxia neoclásica, al igual que el arsenal del FMI, no tiene formulas para conciliar la depreciación y la estabilidad de precios dentro del marco de crecimiento.

La prescripción trillada consiste en frenar la economía para contraer las importaciones y reducir la demanda. El ilustre analista imagina que las políticas fiscales y monetarias restrictivas y los palos de ciego para lograr la conciliación terminarán en recesión, pero como expresidente del organismo no lo puede decir en forma explicita. Por lo demás, los acontecimientos mas recientes no lo contradicen. En enero el índice de ventas de bienes durables cayó, la construcción registro el mayor descenso y el crecimiento del tercer trimestre se ajusto a 2.2%.

La situación de América Latina, convertida en la aspiradora de la liquidez mundial, es más compleja. La mayor inestabilidad bursátil y cambiaria no es casual. Varios países de la región, al igual que algunos de Asia, le han apostado a la revaluación y la valorización de la bolsa para atraer inversión extranjera y, de esa manera, promover la actividad productiva. Las elevadas tasas de crecimiento se explican por expansiones considerables de la inversión y el consumo, inducidas por la liquidez, la especulación y la revaluación, y coinciden con aumentos de las importaciones muy superiores a las exportaciones. No es necesario entrar en detalles para advertir que esta estructura no es sostenible. Las entradas de capitales que se destinan a fusiones y privatizaciones están sustentadas en rentabilidades, que en los últimos tres años superaron el 50% anual, que no son sostenibles. Tan pronto como arranque la devaluación o caigan las cotizaciones de la bolsa los capitales se moverían hacia activos menos volátiles y de mejor calidad.

La viabilidad del esquema se ha visto alterado por la aparición de brotes inflacionarios y por la profundización de las revaluaciones, que destruyen el aparato productivo, afectan negativamente el empleo y crean riesgos de crisis cambiaria. En el desespero, las autoridades económicas han acudido a diversos medios para reducir la liquidez y elevar el tipo de cambio, lo que no está exento de complicaciones.

(Marzo 3 de 2007)

Avanza la Crisis Financiera

La crisis de las instituciones hipotecarias en Estados Unidos se propaga como la pólvora. En un principio las dificultades se concentraban en los créditos subprime que representan el 15% del mercado hipotecario, luego se extendieron a toda la vivienda, mas tarde pasaron a las instituciones asociadas por la vía de los bonos, y ahora tocan a las grandes instituciones financieras, como el City Bank y amenaza con precipitar la economía estadounidense en recesión.

El debilitamiento de la economía de Estados Unidos no se origina los fundamentos sino en los desaciertos de la política macroeconómica. Está asediada por la concepción macroeconómica predominante de los últimos veinte años, que bien puede sintetizarse en el banco central autónomo para reducir la inflación y en la desregulación financiera. En la creencia de que la inflación es un simple problema monetario, proliferaron los bancos centrales cuya prioridad es regular los índices de precios, y en la presunción de que el mercado financiero opera en equilibrio se renunció al prestamista de última instancia y se confió que las perturbaciones se neutralizarían por las fuerzas de la competencia.

Las primeras victimas del modelo fueron las economías emergentes, cuando en 1997 se reventó la burbuja financiera en Asia y, posteriormente, sucedió lo mismo en 1999 en Colombia y 2001 en Argentina, para citar dos casos de América Latina. En todos ellos, se presentaron quiebras en el sistema financiero y grandes fluctuaciones de los índices de precios de las acciones y los bonos y las tasas de cambio que ocasionaron traslados masivos de loa gentes económicas hacia activos líquidos. Fieles al principio de que la función primordial de los bancos centrales es el control de la inflación y alentados por el FMI, aplicaron severas políticas de contracción monetaria y alzas de interés para evitar la devaluación y su traslado a los precios finales. Así, a la mayor demanda de dinero generada por la crisis se le agrego una contracción de la oferta, lo que provocó un severo choque que se llevó la actividad por delante. Las economías asiáticas, al igual que Colombia y Argentina, experimentaron la peor caída del producto del siglo.

Luego de que Greespan se apartara de la regla monetaria y acudiera a la emisión para compensar la reducción de la liquidez ocasionada por el atentado del 11 de septiembre y las subsiguientes perturbaciones financieras, Bernanke, regresó a la filosofía inicial. En forma abierta anunció que no emplearía los poderes de emisión para salvar instituciones que asumieron riesgos excesivos y que el ajuste debía realizarse por la vía del mercado. A poco andar, la presión de Wall Street y de los empresarios lo obligó a retractarse y emitir sin consideración para atender los problemas de liquidez, y al final la acción resultó tardía y demasiado general. Lo cierto es que las indeterminaciones de la Reserva Federal, que un día dice una cosa y el siguiente la contraria, han incrementado la desconfianza del público, agravado las pérdidas de las instituciones y aumentado las necesidades de liquidez.

Lo más preocupante es que amenaza con terminar en recesión en Estados Unidos y extenderse a América Latina. La economía estadounidense crecerá menos de 2% en el último trimestre y algo menos en el primer semestre del 2008. Los precios de las bolsas latinoamericanas se han vuelto más volátiles, los ingresos de capitales se han contraído y la revaluación tiende a revertirse en todas partes.

La experiencia deja lecciones que contradicen la sabiduría convencional. La inflación no es un simple fenómeno monetario; el dinero tiene claros efectos reales, e incluso pueden ser mayores que los nominales. De ninguna manera la tarea de los bancos centrales se puede reducir a mover las tasas de interés de acuerdo con el historial de precios. El sector financiero constituye un típico mercado en desequilibrio. Las pérdidas puntuales de los bancos se extienden al resto del mercado e inducen a los individuos a desplazarse a activos de menor riesgo; la demanda de dinero aumenta, y si no se provee mediante el prestamista de última instancia, se ocasiona un choque de demanda agregada que reduce la actividad productiva y agrava la crisis financiera. Por último, el sistema financiero no puede dejarse libre para que asuma grandes riesgos y los traslade al conjunto de la economía, como sucedió con las hipotecas y los bonos subprime.

(Noviembre 24 de 2007)

Los Desaciertos de la Reserva Federal

En el último año se observa perplejidad y desconcierto de los pensadores y analistas estadounidenses. Sus gurus se demoraron varios meses para reconocer una recesión que aparecía claramente reflejada en los índices de crecimiento, el empleo y los precios de los activos. Aun más grave, las autoridades económicas están empeñadas en una política de reactivación y de estímulos que carecen de sustento científico. En las concepciones clásicas se considera que el sector financiero se ajusta en forma pasiva a la política monetaria. Las acciones de los bancos centrales para afectar las tasas de interés permiten regular los brotes inflacionarios y las caídas leves de la actividad productiva sin alterar la estructura del sistema. Primero Greespan, y ahora Bernanke, han ido mas lejos empleando la política monetaria para enfrentar la crisis financiera y levantar la economía de la recesion. El procedimiento consiste en bajar la tasa de interés para mantener los precios de las acciones de la bolsa y la construcción e inyectarle liquidez al sector financiero.

Ninguna de las dos políticas funciona a cabalidad. La baja indefinida de la tasa de interés, en condiciones de alzas en los precios de los alimentos, en algún momento genera presiones inflacionarias internas y externas que llevan a revertir la política Como bien lo dice Soros en su artículo presentado en Davos, los que mejor conocen esta realidad son los inversionistas, y están prestos a retirarse de la bolsa. No menos grave son las reacciones del sistema financiero. Las pérdidas obligan a los bancos a elevar las reservas y reducir la disponibilidad de fondos de capital y la caída de los precios de los activos los inducen a contraer la cartera. A su turno, la desvalorización de los activos y el mal desempeño de la economía mueven a los clientes a mermar la demanda de crédito.

Así, los inversionistas se desplazan a activos líquidos, los bancos se niegan a conceder préstamos y el público a solicitarlos. Se configura el típico colapso de crédito, o si se quiere de deficiencia de liquidez, que impide el funcionamiento regular del mercado y la normalización de la actividad productiva.

En cierta forma, se replica la situación de los mismos Estados Unidos en 1930, de Japón en la década del noventa y de Asia y América Latina al final de la misma década. En todos los casos las crisis fueron inducidas por fallas cambiarias o financieras que propiciaron el desplome de la inversión. Las economías quedaron expuestas a sobrantes de ahorro y excesos de demanda de liquidez, que tienden a ampliarse y acentuarse. Los agentes económicos no adquieren activos porque se desvalorizan, el público se desplaza de la bolsa a valores de menor riesgo y los bancos y los clientes no quieren dar ni recibir préstamos. En este contexto, la baja de la tasa de interés y la ampliación del crédito por la vía de las instituciones financieras resultan inapropiadas e insuficientes para corregir el desajuste. Así, lo ilustra la experiencia de los últimos seis meses. La reducción de más de 2.5 puntos de la tasa de interés de referencia no ha detenido el desplome de las acciones y los rescates bancarios por US$400.000 millones no han evitado la extensión de la crisis a las grandes instituciones.El camino alternativo es de

Perogrullo. La solución no estaba en confiar que la bolsa y los bancos superaran la restricción de la liquidez, sino más bien, generarla por medio de la política fiscal. No había que bajar la tasa de interés y darle un incentivo exagerado a las bolsas de World Street para que mantuvieran un estado irreal de cotizaciones, ni convencer a los bancos de prestarles a los que no están en capacidad de devolverles los activos. Lo que se planteaba era una política fiscal expansiva, financiada con emisión, para ampliar el gasto publico en forma directa. De esa manera, la reactivación económica crearía las condiciones para movilizar y absorber la liquidez.

Ciertamente, el Congreso ha impulsado algunas medidas fiscales, pero aparecen aisladas y no dejan de ser marginales. Los recursos apenas representan el 1% del PIB, y se destinarán en su mayor parte a financiar la baja de impuestos, que seguramente se utilizará para pagar pasivos o se ahorrará, es decir, no se convertirá en gasto efectivo.

Como lo señale en esta columna, la crisis financiera es la consecuencia de una concepción teórica que carece de universalidad. El banco central basado en la regulación de la tasa de interés sólo opera cuando las alteraciones de la economía son provocadas por elementos monetarios. En las circunstancias en que la inflación es de origen externo y la alteración de la actividad productiva proviene de fallas financieras o cambiarias, se vuelve fatal. El alza de la tasa de interés deteriora el sistema financiero, amplía el déficit en cuenta corriente y precipita el sistema en recesion, y luego, la baja de la tasa interés no remedia las deficiencias y eleva la inflación. El resultado es la estanflacion, que la economía convencional no ha logrado explicar. *(Marzo 22 de 2008)*

Colapso financiero en los Estados Unidos

Hace un año estalló la crisis hipotecaria subprime en Estados Unidos. Sin embargo, a medida que la crisis se traslado a instituciones importantes y se relejaba en los índices de actividad productiva y empleo, en el desespero se procedió a bajar aceleradamente las tasas de interés de referencia y crear amplias posibilidades de crédito a bajas tasas de interés.

La crisis hipotecaria subprime y de todo el sistema financiero se incubó de tiempo atrás. Desde hace quince años se procedió a desregular el sector financiero y en los últimos diez años a emplear la tasa de interés para moderar las alteraciones del producto nacional, bajar la inflación y contrarrestar los altibajos del sector financiero.

La respuesta de Bernanke al agravamiento de la crisis fue la baja de la tasa de interés para evitar la caída de las cotizaciones de las acciones y la construcción y la apertura de generosas ventanillas de crédito a bajas tasas de interés al sistema financiero. Como se anticipó en esta columna en su momento y en el artículo presentado en Davos por Soros, la fórmula tenía serias limitaciones en un momento de inflación mundial que inevitablemente, dentro de la prioridad a la inflación de los bancos centrales, presionaría a revertir la política o a detenerla. En efecto, cuando la tasa de interés llegó a 2%, la Reserva Federal suspendió el descenso y los precios de las acciones aceleraron la caída. Los agentes se trasladaron a activos más líquidos y menos riesgosos como los bonos del tesoro, las cuentas corrientes y el efectivo.

La situación se agravó por las perdidas del sistema bancario. Los bancos quedaron ante el dilema de reducir los préstamos para cumplir con el requisito del apalancamiento o de elevar el capital ofreciendo altas tasas de interés por las colocaciones de bonos y acciones. En la actualidad la tasa de interés de los bonos de mala calidad mas que duplica la tasa de largo plazo.

Se configuró el típico colapso de crédito. El público buscó eludir el riesgo desprendiéndose de los bonos y las acciones para buscar refugio en actividades mas liquidas, a tiempo que el sistema bancario restringió el crédito y paga elevadas tasas de interés por el endeudamiento. El ahorro del sistema no fluye a la inversión, ocasionando una fuerte contracción de la demanda agregada. El desempleo aumentó en un punto porcentual en el último año y la actividad productiva se dirige a un estado recesivo. La verdad es que explotó la burbuja del riesgo que se mantuvo en pie gracias a las bajas tasas de interés para contener los precios de las acciones y la construcción y por la apertura de ventanillas de crédito a bajas tasas de interés. La Reserva Federal perdió la capacidad para enfrentar la crisis financiera con medidas de tipo general. La salida solo puede lograrse mediante acciones puntuales.

Frente a esta realidad, Bernanke procedió emplear en forma pragmática y selectiva el poder monetario para evitar el contagio y la extensión de la crisis financiera y propiciar la actividad productiva. En marzo facilitó y contribuyó a la venta de Bear Stern, y más tarde adquirió Fannie Mae y Freddie Mac. El tono cambio en la última semana; dejo quebrar a Lehman Brother, autorizo la compra de Merrill Lynch por el banco de America y le brindó un crédito a la aseguradora AIG.

Esta intervención ha sido obstaculizada por la doctrina del peligro moral que proscribe apoyar instituciones que causaron la crisis, recibió serias descalificaciones del Congreso y los ex-presidentes de la Reserva Federal, Volcker y Greenspan, y en la práctica aparece desesperada, indecisa y arbitraria. No se quiere reconocer que las principales causas del fracaso son la organización económica de desregulación y la Reserva Federal, y que la intervención no es otra cosa que un correctivo a la falla del mercado. Dejar que la decisión de los ganadores y perdedores venga del mercado, puede significar enormes costos sociales, en particular, dejar que los daños se extiendan a todo el sistema financiero y productivo.

La síntesis es clara. La crisis estadounidense es la consecuencia de la desregulación de la economía, la incoherencia de la Reserva Federal que pretende con un solo instrumento lograr varios objetivos y la falta de instituciones y reglas para actuar como prestamista de última instancia. Sin embargo, no se divisa una voluntad para reformar las teorías que las propiciaron, ni introducir cambios de fondo en las instituciones. Los tumbos del sector financiero seguirán y la recesión será mas larga de lo imaginado. *(Septiembre 20 de 2008)*

Caída del Mercado y Soluciones Fallidas

La desregulación financiera constituyó una de las primeras reformas para establecer el modelo neoliberal en las economías occidentales. De acuerdo con la concepción de la mano invisible de Adam Smith, los esfuerzos individuales para obtener el máximo lucro resultan en mayor bienestar para toda la población, y según la creencia convencional, el mercado genera los estímulos para autocorregir sus falencias. Los insucesos de la crisis financiera y las decisiones para solucionarla revelan una realidad totalmente distinta.

La libertad financiera indujo a los bancos y a los agentes a aumentar la rentabilidad del capital, o si se quiere aumentar su valor, transfiriendo el riesgo a los demás y al conjunto de la economía. En los últimos diez años de Estados Unidos experimentó la mayor valorización de la bolsa, la construcción y la propiedad bancaria. Como es apenas normal, la economía se ha visto abocada a una caída acelerada de los precios de las acciones y bonos, la construcción, y en particular, de la propiedad bancaria. Como la Reserva Federal no tiene una teoría en torno al desequilibrio del sector financiero, y su interrelación con la política monetaria, operó sobre las manifestaciones. Luego de contribuir a quebrar la burbuja con la elevación de la tasa de interés entre 2005 y 2007, bajó las tasas de interés y otorgo amplias facilidades de crédito a los bancos para detener la caída de las cotizaciones de la bolsa y los precios de la construcción. Así mismo, cuando la crisis se manifestó en quiebras en cadena de las instituciones financieras, procedió a concederle préstamos para reducir el deterioro de los activos y mejorar las utilidades.

Ambas políticas fracasaron. La cotización de la bolsa y los precios de la construcción siguieron cayendo ocasionando grandes pérdidas en el capital bancario y una fuerte contracción del crédito que acentuó la pérdida de capital y extendió la crisis a todo el sector y a la economía. Las quiebras bancarias no se detuvieron; por el contrario, se agravan y se extienden en forma domino.

El proceso no se ha entendido. La baja generalizada del valor de los activos es la consecuencia de la ruptura de la burbuja financiera y no podía evitarse con medidas monetarias. El daño estructural está en los efectos sobre el crédito. La contracción del financiamiento extiende las pérdidas y la incertidumbre a todo el sector, e impide la movilización del ahorro a la inversión, lo que ocasiona la reducción de la demanda efectiva y la producción.

La solución no está entonces en parar la caída de los precios de los activos sino en evitar su efecto perverso sobre el crédito. El plan de salvamento de US $700 mil millones para adquirir activos de mala calidad del sistema bancario, adolece de la misma deficiencia conceptual. En el fondo, está orientado a detener la caída de los precios de la vivienda y las acciones y reducir las pérdidas de los bancos. A menos que las compras se efectúen por encima del valor del mercado, lo que tendría una fuerte resistencia ciudadana, la propuesta no resuelve el problema del capital.

El drama está en que el libre mercado fracasó y no se quiere reconocer la necesidad de la intervención abierta del Estado para evitar la extensión de sus destrozos. Cuanto mas acentuado el descalabro de mercado tanto mayor la importancia del Estado para remediarla. Sin embargo, la Reserva Federal no ha ido más allá de las medidas ortodoxas de bajar la tasa de interés y aumentar la liquidez. Las soluciones han favorecido a los responsables de los daños y no han restaurado el flujo normal de crédito. Por eso, no evitaron la quiebra en domino del sistema ni el deterioro del sector real que se dirige rápidamente a la recesión. Lo que se plantea es la intervención para sustituir los capitales perdidos por capital oficial y la entrada del Estado a participar en la administración y salvamento de las instituciones. Si esto se hubiera hecho desde el principio, el flujo de crédito no se habría detenido y el efecto dominó no se habría presentado. La restricción es ideológica. La intervención en el patrimonio bancario se vería como la socialización de una parte de Wall Street. La crisis financiera constituye un serio cuestionamiento a las concepciones y teorías del libre mercado. La desregulación estimuló a los agentes económicos a obtener grandes ganancias a cambio de resquebrajar el conjunto de la economía, y la organización de los bancos centrales, en particular su función como prestamista de ultima instancia, tiende a favorecer a quienes causaron los daños y no resuelve las causas estructurales de la crisis.

Estamos ante una maquina poderosa de enriquecimiento de un reducido grupo a cambio de lesionar a la mayoría, y significa un enorme riesgo para la economía mundial. De hecho, se abre el debate entorno a un nuevo orden económico de regulaciones para detener los excesos del capitalismo y de intervención monetaria y financiera para erradicar los estímulos perversos e inequitativos del mercado y conciliar el progreso y la estabilidad.

(Octubre 4 de 2008)

Intervención en la Propiedad Bancaria

En la última columna advertí que el plan del secretario del Tesoro, Paulson, de US$700 mil millones para adquirir activos de mala calidad de los bancos no solucionaba la crisis financiera de EE.UU. y señale, que, en su lugar, los recursos debían inyectarse para sustituir el capital perdido de los bancos y restituir el flujo de crédito. Donde estamos. La crisis subprime se manifestó en pérdidas bancarias y la caída de la cotización de la bolsa. La respuesta de la Resera Federal de bajar las tasas de interés y ampliar el crédito primero en forma general y luego en forma selectiva resulto infructuosa. Luego de un año de insistir en la política, el flujo de crédito no se restableció el capital bancario no se recuperó y la economía se encaminó a la recesión. Los bancos se vieron abocados a emitir acciones para subsanarla, lo que redujo la cotización de la bolsa, traslado la perdida de capital a otras instituciones y precipitó la quiebra en cadena de los bancos de inversión y comerciales.

En el desespero, el secretario del Tesoro presentó el plan de US $700 mil millones para adquirir activos tóxicos. Luego de los altibajos en el Congreso, quedó al descubierto que la propuesta era de la misma naturaleza de las anteriores y no resolvía el problema de capital, y constituyó un enorme fiasco histórico. En la semana siguiente (5 al 10 de octubre) el Dow Jones cayó 18% y fue seguido por un comportamiento similar en todas las bolsas.

Ante lacadena de fracasos reiterados de la Resera Federal de los EE.UU, el Gobierno británico apareció con la formula obvia. Luego de toda la evidencia de que el público no recibía la liquidez por la misma naturaleza de la crisis, las autoridades británicas presentaron una estrategia para adquirir el capital de los bancos y garantizar los depósitos y el crédito interbancario. De hecho, se creaban las condiciones adecuadas para que los bancos recibieran la liquidez y el público mantuviera los depósitos y las acciones. Por ensayo y error y en forma tardía se llegó a la primera lección Keynesiana: cuando el mercado no moviliza el ahorro a la inversión, la economía se asfixia y el Estado se impone como la única forma de subsanar la deficiencia. La medida, calificada de extremista y expropiatoria, se impuso por la vía de los hechos. La mayoría de los países europeos siguieron por el mismo camino y EE.UU. se vio obligado a cambiar el infortunado plan de rescates a los activos tóxicos por la adquisición de la propiedad bancaria y aceptar la socialización parcial de Wall Street.

Todavía no se dispone de una teoría consistente ni de un diagnostico sólido. No se sabe cual es el monto de recursos requeridos para las intervenciones, los seguros y las garantías. Si los precios de los activos siguen bajando, los recursos requeridos podrían llegar a cifras que pueden duplicar o triplicar los ofrecidos.

Lo más preocupante es que la mira de los líderes mundiales apunta a recuperar el capital bancario, sin advertir que gran parte de las desvalorizaciones de las acciones, los activos y la vivienda son sucesos consumados. La prioridad no es resarcir patrimonios sino sustituirlos. Si los fondos públicos no entran masivamente al sistema financiero, no será posible reconstruir los capitales que permitan reestablecer el crédito. Así mismo, no hay seguridad de que el público reciba los préstamos para llevarlos a empresas y actividades que cada vez valen menos y experimentan serias contracciones de demanda; no se puede descartar que la intervención se extienda a los sectores comerciales e industriales para mantener el empleo y la actividad productiva en pie. Por último, no dejan de plantearse dudas sobre la competencia de funcionarios extraídos del fundamentalismo de mercado para llevar a cabo la tarea.

En el libro *Economía y globalización* se muestra como el exceso de ahorro ocasionado por la globalización y la desregulación configuraron una burbuja mundial, que no era sostenible. Su ruptura significó una desvalorización de los activos que derrumbó el mercado financiero y obligó a una monumental intervención del Estado, que no es fácil saber en donde termina. Los recursos de salvamento anunciados son insuficientes, los mecanismos institucionales carecen de agilidad y las necesidades de intervención tenderán a extenderse a otras actividades y sectores. A tiempo que se desacreditan las concepciones y las instituciones de libre mercado que predominaron en los últimos veinte años, se abren paso ideas y propuestas que hace un tiempo se consideraban impensables y extremistas y, de seguro, ampliaran el papel del Estado. *(Octubre 18 de 2008)*

ALVIN TOFFLER - HEIDI TOFFLER

Alvin Toffler: U. de New York / Ph. D. en Letras, Leyes y Ciencia.
Con su esposa Heidi escribieron «La Tercera Ola».

LA CAÍDA DEL DINERO: POR QUÉ EL MUNDO ESTÁ HACIENDO LAS PREGUNTAS EQUIVOCADAS

Los ojos y oídos del mundo sintonizan el drama económico que se desarrolla en Estados Unidos, donde el espectro del colapso financiero fue igualado por la aterrorizante incapacidad del gobierno para responder inteligentemente. Incluso después de la respuesta de emergencia del Congreso y un suspiro de alivio del público, el fuego sigue ardiendo, y los combatientes siguen debatiendo cómo apagarlo.

Los pronosticadores dicen a los americanos, entre otras cosas, que esperen todo desde una caída radical en los gastos de consumo y el crédito fácilmente disponible hasta más y más pérdidas de empleos, mercados accionarios más volátiles, más quiebras bancarias, una pérdida de velocidad en los proyectos de infraestructura, una reducción en las exportaciones americanas, crecientes presiones políticas para la regulación de los bancos y otras instituciones financieras, demoras en la reforma al sistema de atención a la salud, crecientes impuestos y reducciones en las contribuciones a los programas globales anti-pobreza. Aunque la crisis haya sido desatada en Estados Unidos, sus efectos directos e indirectos se sienten en todo el globo, desde Europa y China hasta India y Rusia.

El resultado ha sido una lluvia de opiniones sobre los orígenes de esta crisis y su similitud con anteriores debacles económicas. Hasta los economistas más equilibrados y periodistas están lanzando referencias al año de 1929, comparando en efecto a la actualidad con el inicio de la más horrible depresión en el siglo pasado.

Pero 1929 no cuenta. En el mundo rápidamente cambiante de hoy, son las diferencias del pasado, no las similitudes, lo que más importa.

Profundas Bases

Así, a pesar de todo lo que se dice y las apariciones en los medios de líderes empresariales, políticos, economistas y otros «expertos» en todo el mundo, poca o nada de atención se ha prestado a tres poderosas fuerzas pasadas por alto que funcionan en las economías avanzadas de hoy –fuerzas que, a pesar de ser ignoradas, desempeñan un papel central en la crisis americana. Estos tres factores que ahora funcionan en Estados Unidos y otras economías avanzadas son mucho más importantes que cualquiera de las bases «fundamentales» con frecuencia mencionadas por líderes y analistas. Las tres son «bases profundas» críticas en todo tipo de economía, desde la recolección y la caza hasta las agrícolas, industriales y las actualmente economías emergentes basadas en el conocimiento.

Estos son el tiempo, el espacio y el conocimiento, y aunque en gran medida ignorados por los economistas y las cabezas parlantes de los medios, son los componentes centrales de la crisis de hoy. Sin comprenderlos, es imposible entender lo que realmente ocurre en las finanzas globales.

El Factor Tiempo

El tiempo es crucial, una dimensión inescapable de toda la actividad económica a través de la historia. En ninguna parte es esto más importante en la actualidad que en la banca. Y en ninguna parte es la velocidad más importante ahora que en Wall Street, donde las más nuevas, más rápidas y más avanzadas computadores y sistemas de comunicación de la actualidad hacen posible diseñar, negociar y cerrar tratos financieros increíblemente complejos de manera casi instantánea, 24 horas al día.

Contraste esto con la frustrantemente lenta velocidad de las agencias regulatorias y legislativas del gobierno que tienen a su cargo monitorear las finanzas.

Llamando la atención a esta peligrosa desincronización en nuestro libro de 2006, «Riqueza Revolucionaria,» escribimos: «en ninguna otra parte ha sido esto más evidente que en la incapacidad de la Comisión de Seguridades e Intercambios de Estados Unidos para hacer frente a la deslumbrante velocidad... de las instituciones financieras del sector privado que se supone debe regular.»

Al romper los banqueros todos los récords de velocidad, dejando atrás a los legisladores y vigilantes gubernamentales, el resultado fue el actual y sorprendente caos en los mercados financieros globales. El tiempo y el destiempo se volvieron especialmente críticos con la quiebra de bancos y casas de corretaje, esforzándose legisladores y reguladores por restaurar alguna semblanza de orden.

Sumando el dónde al cuándo

La incapacidad para entender y analizar la importancia crucial del tiempo en la economía empeora por la paralela subestimación del papel de las relaciones espaciales — es decir, la geografía política. Así, la caída de Estados Unidos sigue siendo políticamente tratada como una cuestión local o nacional en un momento en que la economía de América se relaciona con más y más redes transfronterizas.

Los instrumentos financieros que vende Wall Street con frecuencia se dividieron en complejas partes, formando paquetes de los llamados bonos «asegurados» y «Triple A», que se vendieron parcial o completamente a velocidades cegadoras a otras instituciones financieras de todo el globo.

Ahí los instrumentos pudieron haberse combinado con otros componentes todavía o instrumentos de uno o más países, cada uno sujeto a reglas regulatorias radicalmente diferentes. A su vez, algunos de estos créditos se descompusieron todavía más y se volvieron a vender en otras partes. Así, más que quedar confinado dentro de la crisis en Estados Unidos, la debacle financiera ha enviado olas sísmicas por todo el mundo.

El factor del conocimiento

Tan complejas eran estas interacciones sobre interacciones, y con tal rapidez proliferaron, que ni siquiera los banqueros americanos que originaron los paquetes pudieron evaluar los riesgos involucrados. Así, adicionalmente al tiempo y al espacio, el factor del conocimiento también desempeñó un papel clave en el actual tropiezo.

La banca siempre ha dependido del conocimiento de, por ejemplo, la capacidad de un cliente para pagar un crédito o las oportunidades de éxito de una nueva empresa. Pero ese conocimiento usualmente se obtenía de primera mano a un nivel muy local.

Actualmente el conocimiento requerido se vuelve todavía más abstracto, complejo y de poco fiar al pasar de computadora en computadora, banco en banco y país en país.

Ahogados en información, presionados por crear una variedad siempre creciente de complejos instrumentos financieros, y presionados por el tiempo y el espacio, avasallados por conocimientos que se vuelven obsoletos aún mientras se están reuniendo y aplicando, no es nada extraño que el sector financiero haya caído en una barrena global.

El no haber podido considerar el tiempo, el espacio y el conocimiento —y sus muchas interacciones— hace que el pensamiento convencional de los economistas, legisladores y los medios sea desesperadamente inadecuado para hacer frente a la crisis.

Es tiempo de volver a escribir los libros de texto.

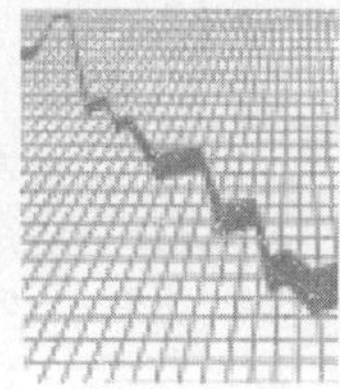

PAUL A. SAMUELSON

Premio Nobel de Economía 1970.

UNA ERA DE INCERTIDUMBRE SE CONVIERTE EN UNA ERA DE ANSIEDAD

La humanidad se parece más a un avestruz que a un búho. Tanto en la macroeconomía moderna como en la geopolítica, los optimistas piensan demasiado pronto que pueden discernir el principio de mejores días para el futuro.

Anteriormente Estados Unidos y sus aliados «derrotaron» al talibán en Afganistán. ¿Así fue realmente? Los enemigos extremistas con demasiada frecuencia, como el ave Fénix, vuelven a la vida. Una y otra vez.

Vea también que el aumento de soldados americanos enviados a Irak parece haber elevado las esperanzas racionales de que haya cooperación tripartita en Irak y el país se encauce hacia el autogobierno, lo cual podría justificar el retiro futuro del ejército americano.

Sin embargo, los estrategas experimentados no se sorprenderán si los beneficios del aumento actual se evaporaran en menos de seis meses.

DeGaulle aprendió duramente en Francia sobre los altibajos franceses en Argelia y en Vietnam. Los presidentes Eisenhower,

Kennedy, Johnson y Nixon aprendieron similares lesiones graves en Vietnam. Eventualmente, sin la victoria ni un honor para vanagloriarse, la sangre y los tesoros sacrificados para derrotar al gobierno izquierdista de Vietnam no sirvieron para nada.

En gran medida como este patrón de la geopolítica — éxitos temporales seguidos por derrotas peores — pudiera funcionar en la actual caída financiera global 2007-2008. La Reserva Federal de los Estados Unidos y los bancos centrales del extranjero se vieron forzados a actuar para aligerar el apretón del crédito.

No lo hicieron para que los prestamistas hipotecarios inmoderados y a quienes se apresuraron a recibir créditos no sufrieran pérdidas en sus inversiones y sus hipotecas. En lugar de ello, recordando cuán seriamente cayeron las economías globales durante la Gran Depresión de 1929-1939, los gobiernos actuales actuaron con rapidez para inclinarse contra los adversos vientos de la recesión.

Cuando el fondo de cobertura Long Term Capital Management recibió la ayuda de un rescate diseñado por la Reserva Federal en 1998, el motivo fue mantener con vida la prosperidad que el distrito comercial había visto de 1995 al 2000.

Quienes siguieron al presidente Herbert Hoover y al Secretario del Tesoro Andrew Mellon en 1929 critican todos los rescates gubernamentales parecidos por la razón de que alientan un «peligro moral» — es decir, más arriesgadas inversiones futuras debido a las expectativas de un rescate inmerecido.

La mayor parte de mis colegas macroeconomistas son demasiado jóvenes para recordar la Gran Depresión. Como estudiante en la conservadora Universidad de Chicago, yo la sentí profundamente dentro y fuera del aula. Aprendí algunas lecciones permanentes:

1. El capitalismo puro no puede evitar algunos ciclos de negocios. Tampoco puede esperarse que los mercados del laissez faire curen sus propios males.
2. Las acciones de la Reserva Federal por hacer subir y bajar las tasas del más corto plazo en la modalidad de «inclinarse contra el viento» pueden definitivamente amortiguar la volatilidad de la verdadera actividad macroeconómica del distrito comercial.

   Esto no es un simple buen deseo académico. Desde 1989, nosotros y el mundo hemos disfrutado algo así como una «Gran Moderación.» Altibajos más suaves de los ciclos de los negocios.
3. Sin embargo, a veces durante las perturbaciones más profundas — 1929-1933 ó 2007-2008 — las modificaciones que hace el Banco Central en sus objetivos para la tasa de interés a corto plazo se vuelven crecientemente impotentes. Las tasas de intereses cercanas a cero sólo alientan acaparamiento más que el gasto de dinero.
4. Por último, a veces los choques severos del lado de la oferta —como ahora y en los años 1970— cuando la OPEP cuadruplicó de la noche a la mañana los precios del petróleo al mismo tiempo que las cosechas globales y la producción de metales sufrían y los precios de las materias primas están dentro de una burbuja, una economía sufre de la maligna «estanflación.»

   El aumento en el desempleo al mismo tiempo que la inflación en general está explotando.

Vaya, el mismo zigzagueante de optimismo y pesimismo es endémico en la batalla entre las paridades del dólar americano y la del euro, el yen de Japón o el won coreano. Hace un mes, ligeramente mejores exportaciones para Estados Unidos revivieron el nivel del dólar frente al euro y otras de las principales divisas.

Impresionante, quizá, para los especuladores de gatillo fácil. Sin embargo, la gráfica a largo plazo de los déficits generales de la balanza de pagos de América muestran sólo leves vibraciones en su crónica tendencia al alza. Si esto produce pesadillas para Warren Buffett, quizá las masas americanas en exceso gastadoras podrían también observarlo.

Si en 2007 se hubiera dicho a los economistas cuán mala sería «la tormenta perfecta» de los mercados financieros que ha ocurrido realmente en 2008, creo que habríamos predicho racionalmente una mucho peor recesión global americana para 2008 que lo que hemos dicho hasta ahora. Esto en cierta medida es reconfortante.

Pero, ¿cuánto durará? No contenga el aliento. Me temo que debemos esperar futuras debilidades macroeconómicas todavía por venir, y que quizá probablemente persistan durante 2009. Ahora viene la noticia a mediados de septiembre sobre la bancarrota de Lehman Brothers, el cuarto más grande de los bancos de inversiones en Estados Unidos. Tengo que aprobar la decisión de no rescatarlo como se había hecho anteriormente con Bear Sterns.

Golpeadas de nuevo se vieron corporaciones gigantes como Citigroup y (la aseguradora) American Investment Group. Cuando nadie salió al rescate de Merrill Lynch, la firma de corretaje americana más grande en Estados Unidos, fue absorbida por Bank of America.

El ex presidente de la Reserva Federal Alan Greenspan admitió públicamente que la «tormenta perfecta» que cayó a mediados de septiembre sobre Wall Street es el peor evento, «una vez para el siglo.»

Es extraño entonces que el Comité del mercado abierto de la Reserva Federal rechazara el 16 de septiembre reducir su tasa de interés, y que negara un nuevo apoyo crediticio.

Si esto fuera únicamente un pecado venial más que un pecado mortal, sigue pareciéndome que el primer fracaso del gobernador Ben Bernanke por recordar que, sobre todo, la razón de ser de los bancos centrales es actuar como el prestamista de último recurso cuando una sociedad de mercado democrática es golpeada por la más grave de las calamidades.

Espero que llegue a demostrarse que el Dr. Bernanke tenía razón y que yo me equivocaba rotundamente.

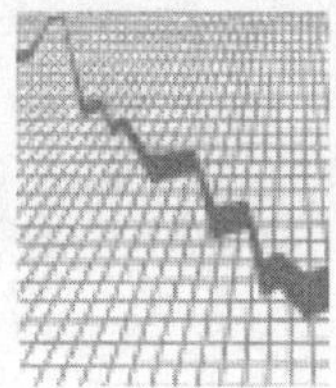

TERCERA PARTE

Propuestas para Superar la Crisis

JON AZUA

Ph. D. Universidad de Lasalle, USA.
Actual Presidente Enovatinglab. Fue Vicepresidente y ex Consejero de Industria y Energía del Gobierno Vasco y ex Director Bolsa de Bilbao.

UN NUEVO CAMINO

«por qué pasó lo que pasó... y lecciones para una crisis»

Lo que hasta hace apenas escasas semanas o meses parecía, para algunos, una desaceleración del elevado crecimiento económico al que nos habíamos acostumbrado y se debatían conceptos academicistas respecto al anticipo o no de una recesión o profunda crisis globalizada, hoy ha pasado a convertirse en una aplastante realidad cuya profundidad y duración resulta difícil de pronosticar. Si bien, la ya generalizada -y popularizada- explicación causal de esta crisis tanto de la mano de expertos y reconocidos profesionales de la economía y las finanzas, agentes políticos e institucionales como de humoristas televisivos y de Internet, a partir de las «hipotecas basura-subprime», la descapitalización y desregularización bancaria y el inexplicable desorden interno de las entidades y mercados financieros y de capitales con todos sus «anillos» de servicios anexos, han terminado por convencer a ciudadanos, académicos y gobernantes, en mi opinión, cabría añadir algunas consideraciones adicionales que, nos ayudarían no solo a una mejor comprensión de *«Por qué pasó lo que pasó»*, sino, sobre todo, ***extraer lecciones que nos ayuden a construir mejores escenarios de futuro.***

I. ¿Por Qué y Cómo Hemos Llegado Hasta Aquí?

Más allá de las explicaciones concretas directamente asociables a la generalizada crisis financiera global y una vez que nos hemos desahogado descalificando a banqueros, primeros ejecutivos, firmas financieras y gobiernos por conducirnos hacia un largo y oscuro túnel que parecía evidente y anunciado de forma profusa en los últimos años, pero sobre el que no se tomaron medidas previas, la realidad observable así como las estrategias y políticas activadas (especialmente y casi en exclusiva por y desde los gobiernos), necesitamos revisar una serie de elementos críticos cuya convergencia explica la situación actual.

En mi opinión, la CONVERGENCIA PERVERSA del círculo del otrora éxito del crecimiento, constituye el centro de atención. La realidad de hoy permite destacar una serie de factores críticos que nos han traído hasta aquí:

1. ***Las propias características de una CRISIS financiera*** que agotó sus posibilidades «autónomas» de funcionamiento, interrumpiendo sus mecanismos ordinarios de liquidez ante el estallido de unos productos especulativos, desconocidos por quienes los creaban y gestionaban, sin soportes reales y favorecedores de un crecimiento y enriquecimiento rápido.

   Esta crisis se ha visto retroalimentada, de forma negativa, por una serie de aceleradores internos de claro impacto negativo:

- La débil estructura financiera (y de capital) de las Instituciones implicadas.
- La falta de alternativa real de ahorro-inversión de los ciudadanos medios, estimulados por unas políticas y modas pro-economía-financiera, de corte globalizado y bajo el paraguas de organismos de supuesto rigor, independencia y competencia que han demostrado su clara debilidad.
- La inexperiencia y escasos conocimientos del producto-mercado de quienes asesoran, gestionan y venden los productos que el ciudadano adquiere.
- La desenfadada carrera por premiar una economía financiera alejada de la economía real en la que las entidades financieras han incursionado, de manera irresponsable, y desde un claro desconocimiento de los negocios elegidos, en determinadas industrias «comprando y vendiendo papeles con valor artificialmente creado».
- El cortoplacismo instalado en toda la estructura de la gestión y a lo largo de toda la cadena de valor. Cortoplacismo traducido en beneficios de coyuntura, indicadores retributivos no alineados con el verdadero CORE o esencia del negocio…

2. *La ausencia de liderazgo y autoridad*

La descalificación mediática del rol de los gobiernos y la «compra» simplista de las bondades de la globalización, así como la «mercado filia» han generado una clara ausencia de autoridad para intervenir en papeles irrenunciables de los gobiernos y los Consejos de Administración de las principales empresas (en especial, ante esta crisis, las financieras),por no insistir en las diferentes modalidades de organismos reguladores.

Los gobiernos se han retraído y han favorecido, en el mejor de los casos, una Autorregulación que se ha caracterizado por

Marcos Formales, de dudoso contenido real, en los que la independencia, transparencia real y actuación sobre la esencia de la actividad por regular han brillado por su ausencia.

Esta carente Autoridad se ve agravada por una falta de liderazgo que se observa en todos los ámbitos implicados. Los modos de dirección implantados han primado cómodos pseudoconsensos que no han facilitado ni la crítica ni la contestación. Así, un mundo que hoy nadie duda era perfectamente conocido por todos, empezando por Wall Street, ha podido pasar «inadvertido», fruto de la sensación de que todos eran ganadores, miraban a otra parte y confiaban en que las anunciadas y temidas «burbujas tecnológica, inmobiliaria, financiera, energética…» pasaran sin «salpicar» demasiado y alterar el status-quo.

3. *El pensamiento único*

Unido a los apartados críticos ya señalados, uno de los factores facilitadores de esta crisis no es otro que el dominio del llamado ***«Pensamiento Único»*** que nos viene invadiendo hace décadas.

Sin un liderazgo y autoridad reales y empeñados en generar ***Marcos Confortables*** en los que la «buena relación» y escasas críticas favorecen un proceso «ganador», las ideas y opiniones (no digamos nada de estrategias y acciones reales) han sido descalificadas. Se ha proclamado a los cuatro vientos que no hay lugar para las ideologías y cualquier gobierno (político o empresarial) «haría lo mismo, ya que solo existe una solución». Así hemos padecido ***CUMBRES EUROPEAS o GLOBALES*** **,** por ejemplo**,** de «mono foto de fin de semana», recomendaciones indiferenciadas de la banca y organismos multilaterales para todo País y tiempo, y una larga lista de mensajes «inamovibles». Postura que ha saltado por los aires -afortunadamente- cuando la crisis ha mostrado su cara real y ha obligado a abandonar, en minutos, principios sacro-santos que no admitían contestación alguna. Este pensamiento único ha impregnado todo el sistema y ha llevado a que, de la noche a la mañana, vuelvan a recuperar protagonismo ideas e instrumentos que parecían desechados de nuestras vidas, como por ejemplo:

- La importancia de los gobiernos, su liderazgo y autoridad dada- desde la democracia más o menos real y desarrollada- y su necesaria participación activa en la economía, no disociando políticas económicas y sociales.
- La necesidad de observar el mercado como un elemento más de un sistema que ha de regularse, controlarse y ponerse al servicio de objetivos a favor de los ciudadanos y su prosperidad.
- La importancia de la economía real (entre otras cosas, por eso la llamamos así)
- Las evidentes diferencias entre países y regiones dentro de éstos, a lo largo del mundo. Cada país es único y no valen recetas de corta y pega.
- Los partenariados público-privados que la propia Organización de Naciones Unidas recomienda como fórmula idónea para abordar iniciativas de desarrollo, reclaman un liderazgo público transformador con la participación comprometida del tejido empresarial.

4. *Una aproximación simplista a la llamada Globalización*

Como toda etiqueta comunicadora, la globalización ha sido un reclamo de clara incidencia negativa en esta crisis.

Por un lado, las bondades que ofrece (en términos, sobre todo, de intercambio económico) se han convertido en la panacea aglutinadora del Pensamiento Único y de los valores que el resto de elementos críticos, ya comentados, jugaban en el camino hacia la crisis. Por otro, la extensión indiscriminada, a lo largo del mundo, de productos tóxicos como los que ya hemos comentado, han favorecido una crisis de primera magnitud. Así, esta forma de globalizar ideas, servicios, empresas, políticas y beneficios, ha sido causa y efecto acompañante de la crisis. Es el reverso de una moneda que durante años parecía tener una sola cara, de apariencia positiva para todos.

Una vez más, resulta imprescindible recordar una serie de principios y enseñanzas básicas que la crisis no había contemplado:

- El mundo es interdependiente, sí, pero esto conlleva posiciones propias y diferenciadas desde las que las diferentes empresas, regiones, países, gobiernos y personas, construyen espacios compartibles. También en los mundos político, económico y financiero.
- Si bien necesitamos dotarnos de estrategias e instituciones macroeconómicas y de ámbito global, su desconcentración microeconómica regionalizada resulta imprescindible. Cada País, cada espacio, necesita su propia estrategia, única y diferenciada.

5. *Velocidad, Internet y Tecnologías de la Información*

Si bien dos de los elementos críticos que definirían la llamada ***«Nueva Economía»*** (o la vieja economía en tiempos modernos, según se mire) son ***la velocidad*** (de llegar al mercado, de decisiones, de movimiento, de pasar de las ideas a la solución...) y las ***tecnologías de la Información***, simplificando en Internet, cuyas bondades parecen evidentes, su propia presencia ha contribuido a la difusión, propagación y profundización de la crisis.

Una vez más observamos cómo la tecnología, en sí misma, no es ni buena ni mala, ni estratégica ni no estratégica. Lo será en uno u otro sentido en función de que tan alineada esté con la estrategia que se persigue. Así, en este caso, su uso ha facilitado cambios trascendentes (desde la no necesidad de un patrón físico de referencia para el dinero y el sistema monetario y financiero mundial, por ejemplo, la inmaterialidad de los activos financieros; la vía libre para el abuso de los registros bancarios; la confusión sobre su definición y control; la paquetización de derivados y productos «tóxicos», etc.). Utilizados en un sentido positivo debidamente controlado y alineado con objetivos y estrategias concretas provoca beneficios deseables. La *«perversión convergente»* tras su mala gestión, acelera y posibilita una profunda crisis como la que vivimos.

En esta misma línea, la velocidad de propagación de las caídas bursátiles, cierres empresariales, ajustes laborales o sus iniciáticos anuncios probabilísticos, unidos a la falta de respuesta y cuestionamiento de solvencia y liquidez de determinados agentes a lo largo del mundo, ha facilitado su extensión acelerada, ha incrementado la desconfianza e incertidumbre. De igual forma, en sentido contrario, ha provocado una inusual capacidad de respuesta, no necesariamente adecuada a los problemas reales y con contenidos prácticos de aplicación. Aquí observamos cómo la velocidad «negativa» ha superado con creces a la «positiva».

6. *Los medios de Comunicación*

Las bondades de la información y la comunicación han jugado, sin embargo, un elemento «perverso» añadido a lo largo de la crisis. Más allá de la información, la tendencia «negativista» que impera en la mayoría mediática, así como su necesidad de programación empeñada en situar *«píldoras de 30 segundos»*, a lo largo del mundo, hace que, desde la desinformación, alimentemos una cadena de pánico e incertidumbre.

Es evidente que no se trata de matar al mensajero. La ausencia de liderazgo y autoridad que señalaba con anterioridad, está en el origen de este mal uso del medio. No solamente se ha respondido tarde, sino mal, a destiempo, en un mar de mensajes contradictorios (desde afirmar que no existían síntomas de crisis, hasta intervenir con medidas extraordinarias; desde proclamar la solvencia de determinadas entidades, hasta nacionalizarlas en minutos; etc.) y con medidas que, tras su anuncio, carecen de instrumentos concretos y explícitos para llevarlas a cabo. Desde un primer Bail-Out presentado por el Secretario del Tesoro de los Estados Unidos de América, soportado en 3 folios, hasta su aprobación -que no ejecución- semanas más tarde en un nuevo Plan de Estabilización de más de 500 folios y con una sucesión de rechazos mayoritarios (ambos partidos de la Cámara) a una aprobación forzada. O, por ejemplo, en el marco de una Unión Europea, que no ha parado de abrir expedientes sancionadores a empresas y países por el «posible conflicto con el libre mercado» a lo largo de existencia del Mercado Interior, haciendo de la «libre competencia», el NO endeudamiento público, la no participación de los gobiernos en industrias y empresas estratégicas, su cuerpo doctrinal esencial; en el nuevo abanderado de la intervención pública con evidente desprecio a las «reglas en defensa de la competencia», sancionadoras de estrategias diferenciadas desde sus distintos Estados Miembro. Ni qué decir de un Fondo Monetario Internacional que ha impedido durante años a los Gobiernos aplicar determinadas políticas de imperiosa adecuación a las demandas reales de sus países, para apuntarse rápidamente hoy, al apoyo de los gobiernos del «Occidente Económico». Su código de buenas prácticas parece estar en revisión.

Y, adicionalmente, cuando hablamos de Medios de Comunicación, debemos extender el concepto a la COMUNICACIÓN en general. Porque si algo hemos echado en falta en toda esta crisis son unas cuantas voces relevantes. Hemos mencionado a la clase política y sus gobiernos. Han sido a ellos a quienes la ciudadanía en general, academia, empresariado y sindicatos hemos dirigido nuestra crítica y esperanza de soluciones. Pero, ¿y las voces de los «responsables» directos de la crisis? ¿Dónde han estado los presidentes de los bancos, de las Bolsas de valores y otras entidades? ¿Cuántas cartas personalizadas hemos recibido en relación con la solvencia de nuestro banco, las garantías reales de nuestras inversiones y ahorro? ¿Hemos oído el mea culpa de determinados empresarios y ejecutivos que abrazaron la rápida senda del crecimiento inesperado tras la ola causante de esta crisis? Gran contraste respecto de ejercicios anteriores en que nos contaban lo mucho que ganaban año a año y la razón de su éxito. ¿Y el resto de servicios asociables? (auditores, empresas de ranking, gestores financieros, etc.). Demasiada ausencia de voces y mensajes facilitadores de confianza y líneas de solución.

7. *La ausencia (o diferencia) de Valores y modelo ideológico*

Para cerrar este círculo perverso y su convergencia en la profundidad de la crisis, hemos de resaltar este apartado.

La crisis que vivimos parecería retrotraernos a la revisión de elementos y principios que parecerían estar abanderando el mundo de la empresa y los negocios. El acelerado crecimiento y el pensamiento dominante, además de las oportunidades de beneficio que parecían rodearnos por todas partes, parecían huir de valores como la ética, el compromiso empresarial en el largo plazo, la economía real, la retribución equilibrada en función del valor real aportado a los proyectos, el trabajo, la disciplina y el esfuerzo, premiando la suerte y el atajo para el enriquecimiento rápido. Variables que han de retornar a un necesario esquema de valores que impregne el funcionamiento de nuestras economías y que deberían guiar, a demasiada gente que ha participado del mundo empresarial (y político) de los últimos años al frente de un mundo que desconocían, a que el riesgo, las crisis, el desempleo, la regulación de los mercados, les recordaban historietas del pasado que nunca esperaban vivir.

Hoy, la crisis nos salpica a todos. Su salida temporal no solamente dependerá de lo acertado o no del diagnóstico sino, sobre todo, de la decisión e intensidad con que abordemos los resortes sobre los que generamos cambios relevantes en la actitud y mentalidad de la gente. No ya para volver al punto previo a la crisis, sino hacia un nuevo modelo de bienestar generalizado.

II. Un Nuevo Camino Desde Las Lecciones Aprendidas

Si ya la propia lectura del apartado anterior nos indica el camino a recorrer, a partir de las lecciones aprendidas en esa *«CONVERGENCIA PERVERSA»* de factores que he descrito, necesitaremos reforzar con claridad una serie de pilares sobre los que debemos construir el llamado ***«MODELO ECONÓMICO del siglo XXI».*** Dicho modelo, en mi opinión, ha de reforzar una serie de vías sobre las que transitar de forma decidida:

1. El Regreso a la ECONOMÍA REAL

Previo recordatorio (aunque parecería innecesario) de la trascendental función que la economía financiera realiza y sin cuya operación eficiente no es posible el desarrollo de la economía real, es momento de reivindicar, con más fuerza y autoridad que nunca, el valor de ésta última. Hacerlo no debe entenderse como una cuestión de matiz terminológico, sino de opción estratégica clave.

Volver a la economía real supone resituar la creación de valor en el corazón del modelo de negocio empresarial. No es posible ni el crecimiento acelerado, ni el éxito empresarial sin «hacer algo diferente». Una empresa que no ofrece productos o servicios en verdad diferenciados y únicos, que no lo hace de forma competitiva, que no es capaz de realizar su generación de valor de forma sostenida en el tiempo y que no es capaz de alinear su oferta al mercado en compromiso directo con la sociedad a la que sirve y de la que forma parte, en verdad, no mira la economía real. Puede beneficiarse de un espejismo transitorio, pero no construye valor diferenciado. De igual manera, hablar de economía real supone comprender la compleja dualidad LOCAL-GLOBAL y sus consecuencias.

La economía real juega en ambos espacios, pero no necesariamente el mismo juego, al mismo tiempo y con un único jugador. Todos y cada uno de los países y espacios (antes mercados) en que una empresa desarrolla su actividad no solamente son relevantes, sino que exigen reglas y jugadores diferenciados. Cada espacio es único.

Al mismo tiempo, movernos en la economía real obliga a superar las artificiales fronteras entre el mundo privado y el mundo público, concebidos como espacios antagónicos. El complejo mundo de la interdisciplinariedad, la convergencia tecnológica, la interacción entre diferentes industrias, la presencia internacionalizada, la vinculación entre la estrategia empresarial y la estrategia social, entre otros, hacen imprescindible el partenariado público-privado, propio de una economía real.

Como ha quedado demostrado, más allá de la regulación que han de ejercer los gobiernos, su acompañamiento y participación en el desarrollo empresarial, su alineación en las diferentes variables determinantes de la competitividad y la deseada (y esencial) integración de políticas económicas y sociales provocan la inseparable acción conjunta gobiernos-empresas. Cada uno tiene un rol propio y diferenciado, pero más allá de sus propias agendas estratégicas, deben acometer agendas comunes.

Y, evidentemente, la economía real se lleva a cabo en, desde y para el conjunto de los stakeholders (recordando a Klaus

Schwab: «todo aquel que tiene interés en el buen funcionamiento y resultados de una empresa»).

Actuar en beneficio de algunos sin tener en cuenta al resto no es sino abandonar el realismo de la economía.

2. *Ordenar el sistema Financiero*

Es evidente que debemos recomponer el maltrecho sistema financiero. Parecería que, en el corto e inmediato plazo, todas las miradas se concentran en él y es, precisamente, a él al que se han dirigido planes, conferencias e instrumentos «salvadores» y urgentes de los últimos meses.

No obstante, no resulta ocioso insistir en una serie de elementos clave que han de requerir una acción decidida:

- Repensar el sistema financiero como un elemento esencial al servicio de la economía real, y no como un ente independiente ni prioritario en la estrategia buscada. Ni es el único ni tampoco el preferente.
- Repensar un claro sistema regulador, bajo la dirección y control de los gobiernos, huyendo de falsos instrumentos independientes y «profesionales» que huyen de la transparencia y la alineación con las estrategias país o mundial previstas.
- Huir de instrumentos formales y centrarse en la esencia real de lo que han de gestionar y controlar.
- Repensar el sistema y mercado de capitales, huyendo del eufemismo de la «neutralidad e imagen fiel» de las Bolsas de Valores.
- Regular el régimen de incompatibilidades entre los diferentes agentes del sistema, servicios profesionales, Consejos de Administración, Accionistas, etc.
- Repensar las Oficinas Presupuestarias de los Gobiernos y Parlamentos orientando su labor a la actividad e indicadores reales que gestionan.

- Repensar los organismos internacionales multilaterales, su función, financiación, gestión, programas y «cuotas» de acceso y representación de los países, grupos de poder, funcionarios y directivos.
- Impedir que los causantes de esta crisis salgan indemnes. La sociedad ha de aprender a distinguir lo que es un buen profesional y apreciar los valores y atributos que lo definen.
- No olvidar, en el marco de estas reformas, que el prestador ha de asumir riesgos, controlables pero riesgos.

3. *Reformular la estrategia*

Si hemos dicho que las medidas y caminos de solución suponen Repensar el sistema financiero, al servicio de una fortalecida Economía Real, soportada en principios y valores que superen las debilidades y ausencias críticas que nos han traído a esta profunda crisis, hemos de insistir en que las luces rojas que parecen movilizar al mundo para reiniciar una nueva apuesta, solamente podrán «apagarse» si huimos del cortoplacismo ansioso y errático en el que nos movemos y empezamos por pensar un escenario distinto para el medio -y sobre todo-, largo plazo. Es aquí donde tenemos que plantear, con rotundidad, la imperiosa necesidad de Reformular o Repensar la Estrategia.

Empecemos por recordar que aunque *«EL MUNDO»* ha de fijar criterios comunes que posibiliten coordinar y orientar una cierta línea de actuación compartida, todos y cada uno de los Países (y sus regiones y/o entes infraestados) han de Reformular su propia y única estrategia diferenciada como vía hacia su competitividad (de todos los agentes que operan en su territorio) y la prosperidad sostenida de sus ciudadanos. Ni se puede renunciar a esta responsabilidad y protagonismo ni, mucho menos, puede ser obviada su participación activa desde *«instancias superiores»*. Y esta reformulación estratégica, soportada en la economía real, ha de incluir, en todo caso, una serie de atributos críticos:

- ***Estrategia, indisociable, económica y social***
- ***Estrategia colaborativa público-privada***
- ***Estrategia glokal: globalizable desde el fortalecimiento local***
- ***Estrategia orientada hacia la conversión de oportunidades y retos en soluciones de avance y bienestar***
- ***Estrategias «completas-comprehensivas», superadoras de aproximaciones estanco y/o sectoriales***
- ***Estrategias implantables, acompañadas de recursos, instrumentos, compromisos y sistemas de control que las hagan posibles***

Este compromiso estratégico así enunciado exige, en el inmediato plazo, actuar sobre un par de ámbitos concretos que no solamente inciden contra los efectos perversos que nos han metido en la crisis en que vivimos, sino en la senda de un mensaje clarificador y de futuro. Dichos ámbitos, de forma breve, se traducen en lo siguiente:

a) Reorientar la estrategia hacia aquellas políticas y medidas que posibiliten salir de los llamados «beneficios del sector inmobiliario». Es decir, no basta con «tapar el agujero» y reordenar el sistema financiero. Ni siquiera con estabilizar el precio de la vivienda y garantizar el acceso a la misma, sino que la totalidad de planes y sectores asociados a la misma han de repensarse: la ordenación del Territorio y el uso del Suelo; el modelo de generación y retorno de beneficio de la promoción, construcción, venta y disfrute de la vivienda; la financiación de los agentes intervinientes -tanto públicos como privados-; el uso alternativo del suelo, la vivienda y todas las iniciativas y actividades posibles, considerando los intereses asumibles de todos los stakeholders. De la mano de esta reorientación, habrán de concebirse nuevos instrumentos.

b) Reorientar la inversión y consumo productivo hacia los «yacimientos de Riqueza y Empleo», huyendo de la burbuja inmobiliaria como palanca de crecimiento y desarrollo.

Es decir, se trata de convertir los problemas o desafíos esperables (prospección demográfica y envejecimiento de la población, demanda de una sanidad de calidad de prestación y cobertura universal, una educación de calidad, especializada para todos a lo largo de toda nuestra vida, movimientos migratorios SUR-NORTE), las demandas y conflictos inter-generacionales (desarrollo sostenible), las insuficiencias de un modelo pasado del crecimiento con generación-distribución dual y desigual (energía y agua), la inevitable transformación evolutiva de la manufactura hacia la economía de las ideas, la restricción urbana para las nuevas actividades económicas, etc. en una fuente o espacio de solución. Fuente de solución bajo dos perspectivas complementarias: a) la solución del problema demandado y b) su concepción, a la vez, como fuente generadora de riqueza y empleo. Así, la reorientación estratégica de la actividad «en nuestra economía real» de futuro se orientaría hacia las Ciencias de la Salud y la Vida, el Eco-desarrollo y la energía sostenible, las infraestructuras de apoyo (físicas e inteligentes y en red), la Educación, la Conectividad (personas, empresas y espacios), el Territorio (hacia un papel activo en el desarrollo) y la manufactura avanzada del mundo de las ideas.

4. Nuevos modelos de Gobernanza

Finalmente, tras este repaso por los nuevos caminos a recorrer, la GOBERNANZA cobra un interés especial.

Nuevos caminos, nuevas estrategias exigen una nueva manera de gobernanza. Los nuevos instrumentos, estilos, actitudes y compromisos han de dar paso a los verdaderos agentes que intervienen en la larga cadena de decisiones. No abordarlos supondría volver a dejar coja, sin respuestas, la manera de liderar, dirigir y controlar un modelo económico que requiere un espacio propio.

Debemos ser conscientes que no todas las estructuras (organización, administración y gobiernos) resultan válidas para todo momento y toda estrategia. En pura lógica, si hablamos de una profunda reformulación estratégica, de refundar sistemas de valores, de nuevos jugadores y nuevas maneras de entender el mundo, parecería evidente la generación de nuevos sistemas de gobernanza adecuados a la realidad y los propósitos deseados. Proclamar que quienes nos han traído hasta aquí nos han de llevar en otra dirección es una quimera que nos retrotrae a la desconfianza y al pesimismo como ingredientes clave de la crisis que padecemos.

En definitiva, no solamente se trata de comprender cómo hemos llegado hasta aquí («lo que pasó»), sino, sobre todo, hacia dónde dirigir nuestro futuro poniendo en valor las lecciones aprendidas. Y hacerlo obliga a trascender el espejismo de la crisis financiera, las hipotecas y activos tóxicos, la falta de liquidez y solvencia o el atajo hacia el enriquecimiento rápido en un mercado y sistema financiero caótico. Se trata de intentar construir un mundo nuevo.

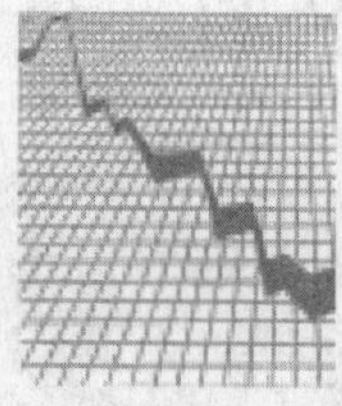

GORDON BROWN

Primer Ministro del Reino Unido de Gran Bretaña e Irlanda del Norte

EL PROGRAMA BRITÁNICO DE ESTABILIDAD FINANCIERA

El sistema bancario es fundamental para todo lo que hacemos. Toda familia y toda empresa de Gran Bretaña dependen de él. Por eso es que, cuando se amenazó con la turbulencia financiera mundial que inició en América y que ahora se ha extendido por todo el mundo, nosotros los Británicos tomamos medidas para asegurar nuestros bancos y nuestro sistema financiero.

La estabilidad y el programa de reestructuración para Gran Bretaña que anunciamos esta semana es lo primero que vamos a abordar, y al mismo tiempo abordaremos los tres componentes esenciales de un sistema moderno bancario - Suficiente liquidez, financiación y capital.

En consecuencia, el Bank of England ha prometido doblar el monto de liquidez que le suministra a los bancos; nosotros hemos garantizado nuevas concesiones de préstamos entre los bancos con el fin de que podamos obtener nuevamente préstamos entre bancos; y al menos tengamos disponibles 50 mil millones de libras esterlinas para recapitalizar nuestros bancos.

Haremos inversiones arriesgadas en los bancos a cambio de rendimientos y garantizaremos préstamos interbancarios en términos comerciales. Y en el fondo de estas reformas están los claros principios de transparencia, integridad, responsabilidad, buen manejo y cooperación en todo el mundo.

Pero debido a que este es un problema a nivel mundial, se requiere una solución a nivel mundial. En efecto, esto ahora se está moviendo hacia una etapa de nivel mundial con una serie de reuniones internacionales que comienzan esta semana con la reunión del G7 y del IMF (Fondo Monetario Internacional) y, nosotros proponemos, culminar con una reunión de líderes en la cual debemos establecer los principios y las nuevas políticas para reestructurar nuestro sistema bancario y financiero en todo el mundo.

Cuando llegué al cargo de Primer Ministro, no esperé tomar la decisión, junto con Alistar Darling, de que el Gobierno ofreciera inversiones arriesgadas en nuestros bancos comerciales, precisamente cuando nadie podía haber anticipado la acción tomada en América. Pero estos nuevos tiempos requieren de nuevas ideas. Las viejas soluciones de ayer no nos sirven como debieran para afrontar los retos de hoy y del mañana.

Así que debemos dejar atrás los dogmas obsoletos y acoger nuevas soluciones.

Por supuesto, las políticas a que aspira cada país necesitarán ser ajustadas a sus circunstancias particulares. Pero con base en el enfoque Británico, creo que con una cooperación Europea más amplia y una coordinación entre las economías principales, hay cuatro pasos esenciales que todos nosotros debemos tomar para recuperar nuestro sistema financiero internacional.

Primero, todo banco de todo país debe cumplir los requerimientos de capital que garanticen confianza. Así como en el Reino Unido hemos puesto a disposición por lo menos 50 mil millones de libras esterlinas de nuevo capital, así también otros países en donde los bancos carecen de capital suficiente, requerirán tomar medidas para solucionar esta situación. Solo los bancos fuertes y sólidos podrán servir a la economía mundial.

Segundo, la liquidez a corto plazo simplemente es un medio para mantener funcionando el sistema. Lo que realmente importa en el futuro es abrir los mercados de dinero del sector privado que han sido cerrados para financiación a mediano plazo. Sólo hasta hace unas pocas semanas, se valoró el verdadero significado de los mercados de dinero en una crisis financiera mundial más amplia y la importancia de la confianza en estos mercados. Pero el congelamiento del mercado para financiación a mediano plazo refleja una pérdida total de confianza entre los bancos.

Las potenciales consecuencias económicas no pueden ser subestimadas. El papel de los bancos es hacer circular los ahorros de los depósitos, nuestras pensiones y de las compañías a quienes lo necesitan para consumo o para inversión. El costo al cual los bancos pueden tomar prestados estos dineros afecta directamente los costos de las hipotecas y los de los préstamos a las empresas o negocios. Esta parálisis en los préstamos como consecuencia de la pérdida de confianza pone en peligro el flujo de dinero hacia cada familia y empresa en el país.

Nuestra garantía de reiniciar los mercados de dinero al por mayor a cambio de una compensación ha, creo yo, abierto caminos al reestablecer nuestro sistema financiero.

Tercero, debemos tener reglas internacionales más fuertes con respecto a la transparencia, la publicación de información reservada y los estándares más altos de conducta. Las economías de mercado exitosas necesitan confianza, la cual solo puede construirse con valores compartidos. Así que cuando reformemos nuestro sistema financiero debemos alentar el trabajo duro, el esfuerzo, la iniciativa y la toma responsable de riesgos –cualidades que el mercado requiere garantizar, para que las recompensas que fluyen sean vistas como justas. Pero cuando la toma de riesgos cruce la línea entre el espíritu empresarial responsable -que deseamos celebrar- y la toma de riesgos irresponsable, entonces tenemos que tomar medidas para velar porque los mercados funcionen en favor de los intereses públicos para reflejar nuestros valores compartidos.

Y cuarto, los sistemas nacionales de supervisión simplemente son inadecuados para afrontar los enormes flujos transcontinentales de capital en este mundo nuevo y aún más interdependiente. Sé que las instituciones financieras más grandes acogerán las universidades propuestas de supervisores transfronterizos que deberían ser introducidos inmediatamente. El Foro sobre Estabilidad Financiera y un Fondo Monetario Internacional reformado deberían hacer su trabajo no solo para resolver la crisis sino también para prevenirla.

Y la acción para la estabilidad financiera debe estar acompañada de una cooperación económica internacional más amplia como la que comenzó el miércoles con la acción de coordinación sobre las tasas de interés. Todo el tiempo he dicho que haremos lo que se requiera para asegurar la estabilidad del sistema financiero. Y no hemos desistido de tomar las intrépidas y difíciles decisiones que se requieren para apoyar a las familias y negocios Británicos que pasan por estos momentos difíciles.

Ahora debemos actuar teniendo en cuenta el largo plazo con acciones nacionales coordinadas. La firmeza y determinación de los gobiernos y de las personas de todo el mundo se está poniendo a prueba. Pero a través de las viejas fronteras ahora debemos redoblar nuestros esfuerzos a nivel internacional. Porque es solo a través de lo más intrépido de las acciones coordinadas en todo el mundo que podremos apoyar en forma adecuada a las familias y negocios en esta era global

GORDON BROWN ANTE EL PARLAMENTO EUROPEO

Con su permiso, señor Presidente, quisiera realizar una intervención en torno al Consejo Europeo celebrado en Bruselas al cual asistí con mis Honorables Colegas el Canciller y el Secretario de Relaciones Exteriores el 15 y 16 de Octubre – el principal asunto fue evaluar las acciones Europeas requeridas para estabilizar los mercados financieros y cómo podemos trabajar juntos para reformar nuestros sistemas financieros internacionales. El Consejo también acogió con beneplácito la reducción de la tasa de interés coordinada por parte de los bancos centrales de todo el mundo.

Pero lo más importante de nuestras consideraciones fue nuestro entendimiento compartido de que la reducción masiva de la actividad financiera mundial y el resquebrajamiento del sistema financiero mundial han sido el resultado de la concesión de préstamos en forma irresponsable, y muchas veces oculta, que se inició en los mercados americanos de alto riesgo.

Y si bien la acción nacional es necesaria, el problema raíz sólo puede ser tratado por medio de cambios en nuestros sistemas financieros - recapitalizar los bancos y reformar la supervisión en torno al principio de recompensar el arduo trabajo empresarial y la responsabilidad al asumir riesgos, y no la falta de responsabilidad y el exceso. Los estimativos del mercado sugieren que en los últimos años unos US$2 trillones de dólares en préstamos originados en los Estados Unidos - muchos de ellos tóxicos – fueron adquiridos por los bancos ED. Por lo tanto, para fortalecer nuestros bancos, el Consejo acogió la acción amplia de la liquidez, la garantías de capital y financiamiento de nuestro gobierno y de los países de la zona europea bajo el liderazgo del Presidente Sarkozy, del Presidente Barroso, y del Presidente del Banco Central Europeo (ECB), Jean-Claude Trichet.

El Consejo también acogió el compromiso conjunto de los dirigentes de los países del G8 para celebrar un encuentro de líderes y acordó los principios y las áreas prioritarias para la acción global.

Señor Presidente, la primera etapa hacia la recuperación ha sido la de estabilizar los mercados financieros para así garantizar la reanudación de préstamos.

En Gran Bretaña casi 50 mil millones de libras esterlinas han sido inyectados como capital a nuestros bancos.

El gobierno solo, ha tomado acciones por un valor de US$37 mil millones de dólares en dos de nuestros bancos más grandes. Y en todo el mundo más de 300 mil millones de libras esterlinas provenientes de fondos públicos han sido ahora aprobados para recapitalizar los bancos.

En el fondo de la decisión Británica estaba la financiación a mediano plazo que estaba condicionada por la recapitalización bancaria. Y también acogemos con beneplácito el acuerdo del Consejo de que los países de la Unión Europea proporcionarían garantías estatales a mediano plazo para los nuevos préstamos interbancarios.

Y particularmente acojo la decisión del Banco Europeo de Inversiones, siguiendo mis propuestas iniciales expuestas en la cumbre del G4 en París a principios de este mes, para movilizar y desembolsar anticipadamente 30 mil millones de Euros para apoyar la concesión de nuevos préstamos a las pequeñas empresas de Europa y Gran Bretaña.

Sin embargo, la confianza de hoy depende también de la confianza en el futuro. Es así que llegamos a un acuerdo sobre la necesidad de lograr una reforma del sistema financiero mundial basada en cinco principios - transparencia, integridad, responsabilidad, una sólida práctica bancaria y control mundial con la coordinación internacional.

Señor Presidente, presentaremos un paquete detallado de propuestas en la reunión de líderes internacionales. Presentaré esas propuestas a todos los países –incluyendo los países emergentes. Ya las he presentado al presidente Bush y las presentaré a los dos candidatos presidenciales de los Estados Unidos.

Puedo contarle al Parlamento hoy que estas propuestas incluyen:

- Insistir en la apertura y divulgación, con las operaciones fuera de balance reflejadas en los balances, de una mayor transparencia en torno a la utilización de derivados de crédito y de una rápida adopción de normas de contabilidad pactadas internacionalmente para que el valor deteriorado de activos ya no pueda ser ocultado por más tiempo.
- Eliminar de una vez por todas los conflictos de intereses que han distorsionado el comportamiento y socavado la confianza, de manera que las agencias de calificación crediticia ya no actúen por más tiempo como asesores de las empresas que ellos evalúan y la remuneración ejecutiva no recompense el riesgo excesivo e irresponsable sino el trabajo duro, empresarial, esfuerzo y toma de riesgos responsable.
- Asegurar que los miembros de la Junta Directiva tengan la competencia y la experiencia requeridas para manejar los riesgos de los que son responsables en última instancia - y no abandonen sus obligaciones.
- Reglamentación que refleje tanto la solvencia como la liquidez, y que asegure que el sistema financiero soporte una

estabilidad económica más amplia.

- Y una nueva arquitectura internacional en el sector financiero mundial para los próximos años.

Por lo tanto, queremos volver a las primeras decisiones acordadas con nuestros socios internacionales con respecto a:

- La reforma del Fondo Monetario Internacional y del Foro de Estabilidad Financiera, incluyendo la creación de un sistema de alerta temprana para la economía mundial.
- Normas de supervisión aceptadas a nivel mundial y aplicadas equitativa y consistentemente en todos los países.
- Supervisión transfronteriza efectiva de las empresas mundiales, comenzando con el establecimiento de 30 escuelas internacionales de supervisores antes de finales de este año.
- Cooperación transfronteriza y acción concertada en una crisis

Y también queremos ver una mayor coordinación macroeconómica a nivel mundial y evitar el retorno del proteccionismo; queremos ver la reapertura de las negociaciones comerciales mundiales. Y acojo las propuestas del Primer Ministro Australiano Rudd.

Señor Presidente, los acontecimientos de los últimos días han demostrado que necesitamos desplegar con urgencia en Europa del Este y en los mercados emergentes las facilidades del Fondo Monetario Internacional (IMF) y los recursos a un alcance mayor -como también las facilidades y recursos de los bancos de desarrollo multilateral:

- Prevenir la fuga de capitales,
- Participar en y apoyar las políticas contra cíclicas;
- Y financiar el crecimiento interno, donde las exportaciones están disminuyendo y el capital se ha fugado hacia el exterior.

Y necesitamos evaluar urgentemente la creación de una nueva facilidad del Fondo Monetario Internacional (IMF) para las economías emergentes en la crisis actual. Rescatar a los países de Europa del Este es particularmente urgente y le he solicitado al Banco Europeo para la Reconstrucción y el Desarrollo, al Banco Europeo de Inversiones, y al Banco Mundial considerar lo que ellos pueden hacer.

Señor Presidente, el Consejo también discutió en detalle la forma cómo cada una de nuestras economías está siendo afectada por la recesión económica mundial que comenzó en los Estados Unidos.

De no haber actuado para estabilizar el sistema bancario, el efecto sobre los hogares y las empresas habría sido aún más grave; pero a pesar de las medidas que se han tomado, el mundo se está enfrentando a una grave recesión económica mundial con un crecimiento negativo ya visto este año en Francia, Alemania e Italia, y el año pasado en los Estados Unidos.

El Reino Unido no puede aislarse de esta recesión mundial, pero con tasas de interés bajas y la caída de la inflación que se espera que baje durante el próximo año, nuestros indicadores económicos fundamentales son más fuertes que en cualquier otra recesión anterior y la deuda ha sido considerablemente más baja que la de hace una década y más baja que la de todos los países del G7 exceptuando la de Canadá, permitiendo al gobierno aumentar el endeudamiento en el momento preciso para apoyar la economía.

El Gobierno hará todo lo necesario para ayudar a los acreedores de hipotecas, las pequeñas empresas y los empleados, y para ayudar a las familias y a las empresas a través de lo que será, sin duda, un difícil período que se avecina.

Al igual que los gobiernos de todo el mundo estamos considerando cómo la política fiscal puede apoyar a la economía en este momento, siendo cuidadosamente aplicada con rigor en sectores específicos, a través de inversiones que ayuden a la gente equitativamente durante la recesión y sentando las bases para un crecimiento más fuerte en el futuro.

Y en el caso de Gran Bretaña comenzamos desde la posición de una deuda pública baja. Por lo tanto, pondremos el mismo empeño y determinación a la tarea de salvaguardar los puestos de trabajo, los hogares y las pequeñas empresas como lo hicimos para evitar la amenaza del colapso de los sistemas financieros.

Señor Presidente, ésta será la misión central del gobierno en las próximas semanas y meses. Y acojo el apoyo en el interés nacional de todos aquellos que estén dispuestos a dar ese respaldo. Y seamos claros: también es la acción que tomemos a nivel mundial para llegar a la raíz del problema en la banca mundial lo que hará la diferencia más grande.

Señor Presidente, el Consejo también llegó a conclusiones importantes sobre la energía y el cambio climático; sobre Rusia y Georgia, y sobre el acuerdo Europeo sobre inmigración y asilo.

El próximo año en Copenhague, el mundo tendrá la oportunidad histórica de garantizar la prosperidad a las generaciones venideras con una acción internacional sobre el cambio climático.

Mientras haya gente que trate de usar los actuales problemas financieros mundiales como una excusa para retroceder en el cambio, para alzar el puente levadizo y renunciar a los compromisos, en realidad, ahora es más esencial que nunca avanzar con nuestro ambicioso programa en materia de seguridad energética y cambio climático.

Como lo muestra el Informe de Stern, la debilidad o retraso en la acción nos costará a todos más en los años venideros, tanto financiera como económicamente.

El Consejo reafirmó su compromiso de llegar a un acuerdo en Diciembre sobre su paquete de energía y cambio climático para el 2020. Hemos dejado claro la importancia de lograr un justo equilibrio - con todos los Estados miembros aceptando nuevos compromisos; que debe haber flexibilidad para que los Estados miembros cumplan los objetivos de la manera más eficiente; y que el paquete Europeo debe enviar la señal más fuerte posible para alentar al resto del mundo a aspirar a altos objetivos en la cumbre de Copenhague el próximo año.

Señor Presidente, en la declaración de la semana pasada mi honorabilísimo amigo -el Secretario de Estado para la Energía y el Cambio Climático-, dejó claro que este gobierno se ha comprometido a los más ambiciosos objetivos -reducción de emisiones de gases de efecto invernadero en un 80% para mediados de este siglo. No sólo para el futuro de nuestro medio ambiente, sino como parte crucial de nuestra estrategia para la seguridad energética.

Sin embargo, no podemos cumplir nuestras aspiraciones en pro del cambio climático sin energía nuclear y la cooperación Europea e internacional. Y esa es la razón por la que nos comprometeremos plenamente con la Unión Europea en relación con el mejoramiento del medio ambiente y el no seguimiento de una política basada en el unilateralismo y la indiferencia.

Ante precios de petróleo históricamente elevados y volátiles, es más urgente que nunca que actuemos para poner fin a nuestra dependencia del petróleo.

El Consejo buscó:

- Mayor diversificación de las fuentes de energía.
- Completar el pleno funcionamiento de los mercados de energía de la Unión Europea.
- Y una infraestructura mejorada de energía, por ejemplo, en el corredor del sur. En la reunión sobre energía que se realizará en Londres en Diciembre se tratará de impulsar el progreso en el diálogo crítico entre los productores de petróleo y las naciones consumidoras de petróleo.

Y hoy yo instaría a la OPEC en su reunión que se celebrará el viernes a que dialoguen con los países consumidores para estabilizar el mercado de energía en general. Señor Presidente, el Consejo ha expresado su profunda preocupación por las acciones de Rusia en Georgia y hace un llamamiento a todas las partes para implementar el plan de seis puntos acordado con los líderes europeos.

Por eso es que el Consejo acogió la retirada de las tropas Rusas como un paso esencial adicional en la implementación de los acuerdos del 12 de Agosto y del 8 de Septiembre, y el lanzamiento en Ginebra de los debates internacionales suscitados por esos acuerdos.

Señor Presidente, el Consejo y la Comisión seguirán trabajando en la profunda evaluación de las relaciones con Rusia antes de la Cumbre Unión Europea-Rusia que se celebrará en Niza el próximo mes.

El Consejo también resolvió continuar apoyando a sus vecinos del este en sus esfuerzos por lograr la democracia y la modernización económica, y considerando una futura «Sociedad del Este» de la Unión Europea.

Por último, el Consejo examinó el pacto Europeo sobre inmigración y asilo, subrayando la importancia de garantizar la coherencia entre las políticas de unión, incluida la libre circulación.

Señor Presidente, Gran Bretaña y Europa se benefician económicamente de la libre circulación -, pero la libre circulación no puede ser un derecho irrestricto. Es preciso manejarla con responsabilidades claras – el incumplimiento de dichas responsabilidades implica consecuencias claras incluyendo, cuando proceda, la pérdida total de ese derecho.

Discutí este punto más detalladamente con varios líderes Europeos en los límites del Consejo, fomentando tanto un apoyo considerable entre los Estados miembros como un acuerdo para examinar adicionalmente las responsabilidades asociadas con la libre circulación, cuando los delitos sean cometidos por residentes de la Unión Europea en la Unión Europea pero fuera de su país de origen - y para volver a tratar este asunto en Diciembre.

Señor Presidente, esta cumbre puso de manifiesto que frente a los desafíos globales, ya sea la recesión del crédito, el cambio climático o la seguridad energética, lograremos mejores resultados trabajando no de manera aislada sino en cooperación, no con el unilateralismo y la separación de nuestros vecinos Europeos sino en asociación activa con ellos. Y es por eso que nuestra política seguirá siendo la de estar plenamente comprometidos con el centro de Europa.

Y encomiendo esta declaración al parlamento.

(Octubre 20 de 2008)

Traducción de Víctor M. Rojas G.
Traductor e intérprete oficial - Resolución Nº 0286 Minjusticia 1977

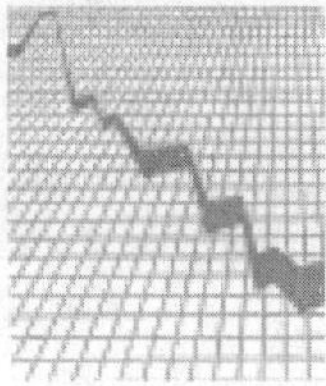

FEDERICO STEINBERG
Master de la London School.
Ph. D. Univ. Autónoma de Madrid
Investigador del Real Instituto Elcano.

CAUSAS Y RESPUESTA POLÍTICA A LA CRISIS FINANCIERA MUNDIAL

Tenemos los instrumentos para enfrentarnos a la crisis, ahora necesitamos el liderazgo para utilizarlos»
(Paul Volker, ex presidente de la Reserva Federal)

Introducción

Ya nadie cuestiona que nos encontramos ante la mayor crisis financiera internacional desde la Gran Depresión. Desde septiembre de 2008 se han producido acontecimientos sin precedentes que están reconfigurando el sistema financiero internacional y que desafían la ortodoxia económica liberal, que se mantenía prácticamente incuestionada desde los años 90 bajo el liderazgo de EEUU. Así, la crisis *subprime* que estalló en agosto de 2007 se ha transformado en una crisis financiera sistémica, cuyo epicentro ya no está sólo en EEUU, sino que se ha desplazado a Europa y Japón y está teniendo un fuerte impacto en el crecimiento de las economías emergentes.

La banca de inversión ha desaparecido, los gobiernos han redefinido el papel de prestamista de última instancia y se han lanzado paquetes de rescate a ambos lados del Atlántico, primero para instituciones concretas y después para el conjunto del sistema bancario. El G7 asegura que empleará todos los instrumentos a su alcance para apoyar a las instituciones financieras que lo necesiten, pero al no haber presentado un plan coordinado carece de credibilidad. El Congreso estadounidense ha dado luz verde a la segunda a su plan de rescate, el Troubled Asset Relief Program (TARP), dotado con 700.000 millones de dólares y que finalmente dedicará 250.000 millones a inyectar fondos para recapitalizar –y nacionalizar parcialmente– la banca, algo que muchos republicanos no aprueban (el resto se destinará a la compra de activos tóxicos). El Reino Unido, mostrando un inusual liderazgo, ha nacionalizado parte de su sistema bancario y asegurará los créditos interbancarios. El eurogrupo seguirá el modelo británico, aunque cada país ha habilitado cuantías diferentes para comprar acciones preferentes de los bancos descapitalizados o apoyarlos con sus problemas de financiación a corto plazo (el total de fondos disponibles para atajar la crisis en Europa asciende a más de 2,5 billones de euros).

Además, los bancos centrales han abierto nuevas vías para aumentar la liquidez. En EEUU la Fed ha comenzado a prestar directamente al sector privado a través de la compra de papel comercial sin garantías, lo que supone saltarse a los intermediarios financieros bancarios. En Europa, el BCE ha eliminado las subastas hasta enero, lo que supone que pondrá a disposición del sistema bancario toda la liquidez que sea necesaria, y el Banco de Inglaterra ha decidido asegurar las emisiones de deuda a corto y medio plazo de los bancos. En definitiva, las autoridades de los países avanzados han dejado claro que están dispuestos a facilitar toda la liquidez que sea necesaria, tanto para garantizar los depósitos y rescatar instituciones en riesgo como para que se recupere la confianza en el mercado interbancario y que el dinero vuelva a fluir hacia las empresas, nacionalizando la banca si es necesario. Lo harán incluso si eso supone tomar riesgos que podrían llevar a la propia descapitalización de sus bancos centrales. Por último, en una acción sin precedentes, el 9 de octubre los principales bancos centrales del mundo (incluido el de China) han rebajado de forma coordinada los tipos de interés en medio punto, lo que supone reconocer que sólo una respuesta global puede frenar la crisis.

A pesar de la batería de medidas adoptadas por los gobiernos y los bancos centrales –que han llegado tarde pero que demuestran que se ha aprendido de anteriores crisis– por el momento la falta de liquidez y de confianza se mantienen. Además, el contagio se ha visto facilitado por la elevada integración del sistema financiero internacional y por la sensación de falta de un liderazgo claro y de coordinación transatlántica. Un elemento que ha aumentado aún más la desconfianza es que el FMI ha revisado al alza su estimación de las pérdidas del sistema bancario mundial derivadas de la crisis hipotecaria estadounidense. Ahora las sitúa en 1,4 billones de dólares (455.000 millones más que en abril), lo que supone que hasta el momento sólo se habrían hecho públicas la mitad de las pérdidas, es decir, que todavía podrían quebrar más bancos. Además, en sus perspectivas económicas de octubre el FMI ha constatado que la contracción del crédito ya ha golpeado a la economía real, precipitando la recesión en varios países desarrollados y haciendo previsibles incrementos significativos en las tasas de desempleo durante 2009. De hecho, el Fondo pronostica que la economía mundial se desacelerará considerablemente y crecerá al 3,9% en 2008 y al 3,0% en 2009 (1,9% si se mide a tipos de cambio de mercado), su tasa más lenta desde 2002. Este menor crecimiento contribuirá a moderar signifi- cativamente la inflación (especialmente la de los alimentos, las materias primas y la energía), pero el actual contexto de crisis y la situación de «trampa de la liquidez» en la que parecen encontrarse algunas economías avanzadas indican que la deflación supone un riesgo mayor a medio plazo que la inflación.

Y es que lo que en un principio parecía sólo un problema de liquidez se estar revelando además como un problema de solvencia que requiere una fuerte recapitalización del sistema bancario en los países avanzados, que necesariamente pasa por un rescate del sector público (la pregunta, sobre todo en EEUU, es en qué medida el Estado nacionalizará la banca). También se hace imprescindible un paquete de estímulo fiscal coordinado en el que los países emergentes, sobre todo China, deberían jugar un papel. Aumentar el gasto y recapitalizar la banca no evitará la recesión, pero reducirá su duración y su impacto sobre el empleo siempre que se haga de forma coordinada (las soluciones unilaterales corren el riesgo de ser inefectivas y servir sólo para aumentar la deuda pública de los países ricos). Por último, es necesario mejorar la regulación financiera, reforzando la supervisión de los mercados de derivados de crédito y elevando los requerimientos de capital de las instituciones financieras para evitar niveles de apalancamiento y riesgo tan elevados como los actuales.

Pero todo ello exige liderazgo político, porque la historia muestra que en un momento como el actual las soluciones técnicas, por sí solas, no devuelven la confianza a los mercados. En un mundo multipolar como el actual no existe una potencia hegemónica capaz de tomar las riendas de la situación. Eso no significa que no pueda haber liderazgo, pero para bien o para mal sólo se puede aspirar a un liderazgo compartido. Por lo tanto, las instituciones nacionales de los países avanzados y de las potencias emergentes tendrán que coordinarse y además será necesario reforzar los foros de cooperación multilateral, lo que requiere aumentar su legitimidad.

Este artículo analiza las causas de la crisis, evalúa las respuestas económicas y políticas que los gobiernos han puesto en marcha y explora su impacto geopolítico.

¿Cómo hemos llegado hasta aquí?

La crisis financiera mundial es el resultado la liberalización financiera de las últimas dos décadas –que no fue acompañada de una nueva regulación adecuada– y del exceso de liquidez global, generado principalmente por EEUU. Ambas alimentaron una euforia financiera que distorsionó la percepción del riesgo, llevando a un exceso de apalancamiento que, sumado al sobreendeudamiento de familias y empresas y a la escasa regulación del sector bancario no tradicional, dieron lugar a burbujas, tanto inmobiliarias como de otros activos. El estallido de la burbuja inmobiliaria en EEUU precipitó la crisis y la globalización financiera la extendió rápidamente por todo el mundo.

Pero todo ello no hubiera sido posible sin el cambio radical que el sector financiero ha experimentado en los últimos años. La banca comercial, cuyo negocio tradicional era aceptar depósitos y dar préstamos que se mantenían en sus balances, ha dejado de ser el actor principal del sistema financiero internacional. El nuevo modelo, basado en la titulización de activos, consistía en que los bancos de inversión (los nuevos intermediarios entre los bancos comerciales y los inversores) creaban derivados financieros estructurados (conocidos como *Structured Investment Vehi*cles, SIV) que permitían que los bancos comerciales subdividieran y reagruparan sus activos, sobre todo hipotecas, y los revendieran en el mercado en forma de obligaciones cuyo respaldo último era el pago de las hipotecas (*Mortgage Backed Securities, MBS*), muchas veces fuera de su balance. Este modelo, conocido como «originar y distribuir» y que tuvo como principal defensor al ex presidente de la Fed Alan Greenspan, debía permitir tanto la cobertura de riesgos como su transferencia desde aquellos inversores más conservadores hacia los que tenían una menor aversión al mismo y buscaban mayor rentabilidad. Con ello, se aseguraría una asignación óptima de capital, que multiplicaría de forma espectacular el crédito y promovería el crecimiento económico a largo plazo. La libre movilidad de capitales permitió que los derivados financieros se comercializaran en todo el mundo. Hoy su valor total asciende a 390 billones de euros, casi siete veces el PIB mundial y cinco veces más que hace seis años. Los mercados financieros están plenamente globalizados.

Pero con la repetida reestructuración de activos y las múltiples ventas para transferir el riesgo llegó un momento en que se hizo imposible dilucidar el nivel de riesgo real de cada uno de los títulos. En este sentido las agencias de rating, pese a no reconocerlo, eran incapaces de cumplir su tarea. Aunque la mayoría de los derivados financieros tenían como activo subyacente el pago de las hipotecas estadounidenses, el mercado que más creció en los últimos años (hasta los 62 billones de dólares) fue el de las permutas financieras para asegurar contra el riesgo de impagos de los nuevos derivados de crédito (Credit Default Swaps, CDS), lo que permitió que nuevos actores, como las compañías de seguros, entraran en el mercado de derivados. De hecho, mientras no se produjeron impagos los CDS se convirtieron en un excelente negocio.

Este modelo generó enormes beneficios para sus participantes y contribuyó (aunque no fue la única causa) al elevado e insostenible crecimiento de la economía mundial entre 2003 y 2007. Además, el exceso de ahorro en las economías emergentes (sobre todo en China y los países exportadores de petróleo) y su escasez en EEUU incrementó los flujos de capital hacia

EEUU, alimentando su déficit por cuenta corriente, y con él los desequilibrios macroeconómicos globales (en 2007 EEUU absorbió casi la mitad del ahorro mundial, el Reino Unido, España y Australia otro 20% y las reservas de los bancos centrales de los países en desarrollo superaron los 5 billones de dólares –1,9 billones en China–). Pero como la mayoría de las entradas de capital iban a parar al sector inmobiliario y no a otro tipo de inversiones más productivas, en última instancia el modelo se basaba en que los estadounidenses pudieran pagar sus hipotecas, lo que a su vez dependía de que el precio de sus viviendas siguiera subiendo, condición necesaria para que los hipotecados pudieran refinanciar su deuda contra el valor apreciado de su inmueble. Y la existencia de un mercado hipotecario *subprime*, en el que se otorgaban hipotecas a individuos con dudosa capacidad de pago, incrementaba los riesgos (también debe reconocerse que gracias a ese mercado muchos estadounidenses que anteriormente no tenían acceso al crédito, pudieron comprar un inmueble. Y algunos sí están pudiendo hacer frente a su hipoteca).

Aunque fuera posible prever que los precios inmobiliarios no podrían continuar subiendo indefinidamente, el elevado crecimiento de la economía mundial, la baja inflación, los bajos tipos de interés (negativos en términos reales) y la estabilidad macroeconómica (lo que se conoce como el período de «la gran moderación») redujeron la aversión al riesgo. Ello llevó a un mayor apalancamiento, incentivó aún más la innovación financiera y las operaciones fuera de balance y dio lugar a lo que a la postre se ha revelado como una euforia irracional. Además, mientras duró el *boom*, no parecía existir la necesidad ni de revisar la regulación ni de modificar la política monetaria. Ninguna autoridad quería ser responsable de frenar el crecimiento. De hecho, la brusca bajada de tipos de interés de la Fed ante la recesión de 2001 (y el mantenimiento de los mismos en el 1% durante un año) fue considerada como una excelente maniobra para acortar la recesión en EEUU tras los ataques del 11-S. Sin embargo, hoy se interpreta como una política errónea que contribuyó a inflar los precios de los activos, sobre todo los inmobiliarios, impidiendo el ajuste que la economía estadounidense necesitaba para tener un crecimiento sostenible a largo plazo (también puede argumentarse, como hizo el presidente de la Fed Ben Bernanke con su hipótesis del *Global Savings Glut*, que China, con su elevada tasa de ahorro y su tipo de cambio intervenido y subvalorado, fue el auténtico causante de los desequilibrios externos estadounidenses). Por último, la idea de que los mercados financieros funcionan de forma eficiente y que los agentes son suficientemente racionales como para asignar de forma adecuada el riesgo (sobre todo si utilizan modelos matemáticos sofisticados) terminaban de legitimar el modelo.

Pero al final la confianza en el mercado fue excesiva porque Hyman Minsky tenía razón. Los mercados financieros son incapaces de autorregularse y tienden al desequilibrio, sobre todo tras largos períodos de crecimiento y estabilidad que incentivan los excesos y las Manías. El sistema financiero internacional es inherentemente inestable por lo que, según Minsky, no es posible escapar de crisis financieras periódicas, cuyas consecuencias serán más devastadoras cuanto mayor sea el período de crecimiento que las preceda.

Aún así, el desarrollo de la crisis no ha sido lineal y las decisiones, tanto técnicas como políticas, tomadas en el último año y medio han condicionado (y continuarán condicionando) su desarrollo, para bien o para mal. Por eso es esencial que las autoridades no repitan algunos de los errores cometidos y muestren el liderazgo suficiente para evitar un largo período de estancamiento. Algo que tanto el Reino Unido como el eurogrupo han empezado a hacer.

El estallido de la burbuja inmobiliaria en EEUU y las primeras quiebras derivadas del mercado *subprime* se remontan a agosto de 2007, cuando el aumento de la morosidad generó importantes pérdidas en las instituciones financieras. Desde entonces, la Fed ha recortado los tipos de interés y los bancos centrales de todo el mundo han inyectado liquidez al sistema bancario, lo que ha permitido contener la situación aunque no evitar la desaceleración ni recuperar la confianza en el mercado interbancario. En febrero y marzo de 2008, los rescates del banco comercial británico Northern Rock y del banco de inversión estadounidense Bear Stearns supusieron una primera llamada de atención sobre la gravedad de la crisis. Era la primera vez (en esta crisis) que un banco de inversión estadounidense era rescatado para evitar un colapso sistémico y que las autoridades británicas intervenían para evitar un pánico bancario.

Pero fue en septiembre de 2008, con la quiebra de Leeman Brothers, cuando la crisis alcanzó una nueva dimensión (el rescate de los dos gigantes hipotecarios estadounidenses, Fannie Mae y Freddie Mac, también puso de manifiesto que el colapso inmobiliario norteamericano era de enormes proporciones, pero ambas instituciones tenían un estatus semipúblico, por lo que era de esperar que el gobierno estadounidense utilizara fondos públicos para salvarlas). Dejar caer a Leeman Brothers ha sido, posiblemente, el mayor error que se ha cometido hasta la fecha y nunca se sabrá si el Tesoro estadounidense y la Fed no lo rescataron porque su visión pro-mercado (según la cual el Estado no debería ayudar a todas las instituciones financieras en problemas) les impidió analizar objetivamente las consecuencias de sus actos o porque no tenían información suficiente y adecuada para evaluar el impacto real de la medida. En cualquier caso, como Leeman Brothers era un actor tan relevante a nivel global su desaparición, además de generar enormes pérdidas para sus acreedores, congeló el mercado monetario estadounidense a corto plazo, un mercado de 2,5 billones de euros que las empresas de todo el mundo utilizan para financiar sus operaciones a corto plazo. El pánico global que desató la quiebra de Leeman Brothers también terminó de secar el mercado interbancario y dio lugar a una volatilidad en los mercados sin precedentes. La quiebra de una institución sistémica desataba una crisis sistémica.

El rescate y la nacionalización días después de American Internacional Group (AIG), la mayor aseguradora estadounidense, no sólo significó una redefinición del papel de prestamista de última instancia (las empresas de seguros en principios no se consideraban sistémicas, pero AIG se había introducido en el mercado de CDS), sino que introdujo todavía más incertidumbre sobre qué instituciones merecían ser rescatadas y cuales no.

Ello obligó al gobierno Bush a lanzar el plan de rescate de 700.000 millones de dólares al tiempo que desaparecía la banca de inversión (Bear Stearns y Lehman Brothers ya habían quebrado, Merrill Lynch fue adquirida por Bank of America y Goldman Sachs y Morgan Stanley solicitaron la transformación en bancos comerciales, sujetos a mayor regulación y capaces de captar depósitos).

Al mismo tiempo, el contagio alcanzó a Europa, con quiebras bancarias en el Reino Unido, el Benelux y Alemania, lo que aceleró acciones unilaterales que pusieron de manifiesto la falta de coordinación y la debilidad de la gobernanza económica europea.

Como explica Krugman, a quien se concedió el premio Nobel de economía en medio de la crisis, el sistema financiero está más integrado y apalancado que en cualquier momento de la historia. Por lo tanto, según iba cayendo el precio de los activos inmobiliarios y sus derivados y se iban haciendo públicas las pérdidas bancarias, las instituciones financieras se encontraban con demasiada deuda y poco capital. Entonces se veían obligados a vender parte de sus títulos (la falta de liquidez les impedía pedir nuevos préstamos a otros bancos), lo que deprimía aún más los precios y causaba nuevas pérdidas, además de dejar sin crédito al sector productivo. Este círculo vicioso de desapalancamiento y descapitalización era a la vez imparable y global. Solo una fuerte intervención pública podía frenarlo.

La respuesta a la crisis: el reto del liderazgo

Aunque esta crisis es la mayor desde el *crash* del 29, las dos son muy diferentes. En aquella ocasión la economía mundial experimentó deflación y las tasas de desempleo superaron el 20% en un momento en que los Estados no tenían redes de cobertura social como las que existen actualmente. Además, no había economías emergentes (entonces periféricas) capaces de aportar crecimiento y financiación al centro.

Por lo tanto, aunque en los próximos años el desempleo crecerá y la inflación caerá es muy probable que la economía mundial pueda escapar de una depresión como la de los años 30. Y la razón fundamental es que se ha aprendido mucho de aquella crisis, sobre todo en el aspecto técnico. La asignatura pendiente continúa siendo la del liderazgo político.

De hecho, las autoridades no están repitiendo los dos errores más graves que se cometieron en los años 30 porque han internalizado las dos explicaciones más conocidas de la Gran Depresión, la de John Maynard Keynes en la *Teoría general* de 1936 y la de Milton Friedman y Anna Schwartz en *Una historia monetaria de Estados Unidos, 1867-1960*, publicada en 1963. Keynes explicó la Gran Depresión por la insuficiencia de demanda efectiva de la que sólo se pudo escapar mediante una política fiscal expansiva. Para Friedman y Schwartz el *crash* del 29 fue el resultado de una mala política monetaria de la Fed, que no inyectó suficiente liquidez en la economía a tiempo. Afortunadamente, como hemos visto arriba los bancos centrales están inyectando liquidez y los gobiernos están aumentando el gasto; es decir, Keynes, Friedman y Schwartz han sido escuchados.

Pero es la tercera explicación de la Gran Depresión, la del historiador Charles Kindleberger en *El mundo en depresión, 1929-1939* (1973), de la que la comunidad internacional tiene más que aprender. Para Kindleberger, el *crash* bursátil se convirtió en una prolongada depresión por la falta de liderazgo de una potencia hegemónica mundial capaz de encargarse de la provisión de los bienes públicos necesarios para el mantenimiento de un orden económico liberal y abierto, incluida la provisión de un mecanismo que proporcione liquidez al sistema cuando se producen situaciones de crisis[1].

Durante la Gran Depresión el Reino Unido ya no era capaz de actuar como potencia hegemónica porque su imperio estaba en decadencia. Y EEUU, la potencia en auge, no quiso cargar con los costes de actuar como líder por razones políticas internas relacionadas con la doctrina Monroe del aislacionismo. Esta situación provocó un vacío de liderazgo que llevó a los países industrializados a poner en práctica políticas proteccionistas y devaluaciones competitivas que no hicieron más que extender y generalizar la crisis hasta el comienzo de la Segunda Guerra Mundial.

Aunque forjar y consolidar un liderazgo político fuerte en momentos de crisis es especialmente difícil, la economía mundial no tiene otra salida porque ante el pánico las soluciones técnicas no son suficientes para devolver la confianza a los mercados. El problema es que el mundo es multipolar y no exis-

---

[1] Además, Kindleberger plantea otras cuatro funciones para la potencia hegemónica: la provisión de un mercado que absorba bienes, la generación de un flujo constante de capital, la gestión de un sistema de tipos de cambio relativamente estables y el establecimiento de una estructura de incentivos para que exista coordinación entre las políticas monetarias nacionales.

te una potencia hegemónica. Y además, el impacto de la crisis es asimétrico y está acelerando la reconfiguración del equilibrio de poder a nivel mundial en favor de las potencias emergentes, muchas de las cuales ven en la crisis tanto riesgos como una gran oportunidad para cambiar las reglas de juego del mercado global en su favor. Por ello el liderazgo sólo puede ser compartido y debe basarse en la cooperación internacional.

Afortunadamente, lo que en un principio fueron rescates *ad hoc* de instituciones financieras concretas y acciones unilaterales descoordinados se han ido convirtiendo en planes más amplios y con cierto nivel de coordinación, sobre todo en el eurogrupo. Además, el primer ministro británico Gordon Brown, el único presidente del G7 con conocimientos significativos de economía, se ha erigido en el líder político e intelectual tanto de los planes públicos de rescate como de la reforma del sistema financiero internacional.

Así, el pragmatismo parece haber vencido a la ideología, la negociación ha funcionado y se han terminado aprobando planes coherentes en casi todos los países avanzados, planes que coinciden tanto en la necesidad de recapitalizar el sistema bancario nacionalizando parcialmente la banca como en asegurar los créditos interbancarios. En este sentido es particularmente importante tanto la aprobación del plan estadounidense –que sólo fue aceptado por el Congreso tras la introducción de importantes enmiendas– como las clarificaciones posteriores del Tesoro, que finalmente aceptará nacionalizar temporalmente parte de la banca (los detalles técnicos sobre el sistema de subasta para adquirir los activos tóxicos del sistema bancario todavía no han sido aclarados). Todo ello tendrá un importante impacto en las cuentas públicas que, dependiendo de cómo respondan los mercados, verán incrementar su déficit y su nivel de deuda pública sobre el PIB en mayor o menor medida. Pero en cualquier caso, por el momento, el desembolso público para hacer frente a las pérdidas se estiman en el entorno del 5% del PIB combinado de EEUU y la UE, una cifra mucho menor, en proporción al PIB, que en anteriores crisis.

En definitiva, hacia mediados de octubre el emergente liderazgo europeo y las acciones concertadas habían permitido recuperar cierto nivel de confianza. Pero el capital seguía huyendo hacia activos seguros, el mercado interbancario seguía teniendo problemas y las causas estructurales de la crisis no habían sido resueltas. Además, el impacto del colapso financiera sobre la economía real será muy significativo durante 2009 por lo que el liderazgo compartido tendrá que continuar. El reto consiste en que incluya a las potencias emergentes en la inminente reforma de la gobernanza económica global. De hecho, además de jugar un papel importante en la modificación de los sistemas de regulación y supervisión financiera, las potencias emergentes serán la fuente principal de demanda si las economías avanzadas entran en recesión. Pero la decisión de aumentar el gasto es política y en el caso de China está ligada a la de reevaluar el tipo de cambio.

Conclusiones: La crisis financiera internacional, causada por el exceso de liquidez y la inadecuada regulación de un sistema financiero internacional muy integrado, ha colocado a la economía mundial al borde de la recesión. Además, las acciones unilaterales que los distintos gobiernos adoptaron en un principio pusieron de manifiesto la dificultad de la coordinación en un mundo económico multipolar y sin un liderazgo claro. Afortunadamente, se han aprobado paquetes de rescate y, bajo liderazgo británico, parece haberse forjado un consenso sobre la necesidad de recapitalizar el sistema bancario y asegurar los depósitos y los préstamos interbancarios. Ello no evitará la recesión, pero podría servir para que no sea profunda y duradera. En ese sentido, las lecciones de anteriores crisis han permitido a las autoridades reaccionar con cierta celeridad. Aún así, persisten importantes retos sobre cómo establecer un liderazgo compartido para dotar de mejores reglas a la globalización financiera.

Esta crisis tendrá consecuencias geopolíticas importantes, que todavía son difíciles de anticipar. Primero, la crisis significará un punto de inflexión en la globalización económica y pondrá fin al período de liberalización iniciado en los años 80 de la mano de Ronald Reagan y Margaret Thatcher. Aunque la crisis no supondrá la debacle del capitalismo, el Estado recuperará legitimidad y poder en relación al mercado y el modelo liberal anglosajón perderá parte de su atractivo e influencia, especialmente en favor de los modelos de inspiración europea con mayor regulación e intervención pública. Segundo, la crisis acelerará el declive relativo de EEUU y el auge de las potencias emergentes en la economía mundial (que con sus fondos soberanos adquirirán multitud de activos en los países ricos), lo que posiblemente anticipará y hará más radical la reforma de las instituciones de gobernanza global. En este sentido sería importante integrar rápidamente a las potencias emergentes en las deliberaciones sobre las reformas de los organismos económicos internacionales con el fin de que sean partes activas del proceso y lo consideren legítimo. Para ello las economías de la OCDE deberían reconocer que necesitan contar con las potencias emergentes en el diseño de nuevas reglas globales. Pero al mismo tiempo, como es previsible que la crisis reduzca los precios de la energía y de las materias primas, algunas de las economías emergentes más antagónicas con occidente, como Rusia, Venezuela o Irán, podrían perder influencia.

Por último, la crisis supone una oportunidad para la UE en general y para el euro como moneda de reserva mundial en particular. Primero, porque es de esperar que la nueva arquitectura financiera internacional que emerja tras la crisis sea más similar a la de Europa continental que a la anglosajona, lo que supondrá una oportunidad para que la Unión adquiera un mayor liderazgo global si es capaz de hablar con una sola voz en el mundo. Segundo, porque esta crisis supone una oportunidad para que el euro continúe ganándole terreno al dólar como moneda de reserva internacional, lo que requiere que la estructura político-institucional de la eurozona sea lo suficientemente sólida. En definitiva, la crisis supone una oportunidad para la UE si ésta es capaz de utilizar la actual y difícil coyuntura para fortalecerse y mejorar su gobernanza económica interna.

CONCLUSIONES DE LA CUMBRE DEL G -20

Washington, noviembre 15 de 2008

MERCADOS FINANCIEROS Y ECONOMÍA GLOBAL

1. Nosotros, los dirigentes del Grupo de los 20, hemos mantenido una primera reunión en Washington en la fecha del 15 de noviembre de 2008, en medio de graves problemas que afectan a la economía mundial y a los mercados financieros. Estamos decididos a reforzar nuestra cooperación y a trabajar en común para restaurar el crecimiento económico en el mundo y para llevar a cabo las reformas necesarias en los sistemas financieros mundiales.
2. A lo largo de los últimos meses, nuestros países han tomado medidas urgentes y excepcionales para sostener la economía mundial y estabilizar los mercados financieros. Estos esfuerzos deben continuar. Al mismo tiempo, debemos sentar las bases de unas reformas que contribuyan a garantizar que una crisis global como la que nos ocupa no vuelva a producirse jamás. Nuestro trabajo se va a guiar por una confianza compartida en que los principios del mercado, unas condiciones de comercio y de inversión sin trabas y unos mercados financieros regulados de manera eficaz fomentan el dinamismo, la innovación y el espíritu emprendedor que resultan esenciales para el crecimiento económico, el empleo y la reducción de la pobreza.

Causas primordiales de la crisis actual

3. Durante un período de fuerte crecimiento económico, crecientes movimientos de capital y estabilidad prolongada en lo que lleva transcurrido de década, las partes actuantes en el mercado han tratado de conseguir rendimientos más altos sin una valoración adecuada de los riesgos y no han puesto en práctica la debida diligencia. Al mismo tiempo, se han combinado unas normas deficientes de aseguramiento frente a riesgos, prácticas poco fiables de gestión de riesgos, productos financieros cada vez más complejos y opacos y el consiguiente apalancamiento excesivo para crear puntos vulnerables en el sistema. Los responsables políticos, los reguladores y los supervisores de algunos países avanzados no evaluaron ni abordaron de forma adecuada los riesgos que se estaban acumulando en los mercados financieros, ni siguieron el ritmo de la innovación financiera, ni tuvieron en cuenta las complejidades de las medidas reguladoras internas dentro del sistema.
4. Entre otros importantes factores subyacentes a la situación actual figuran unas políticas macroeconómicas incoherentes e insuficientemente coordinadas y unas reformas estructurales inadecuadas que han llevado a unos resultados macroeconómicos insostenibles a escala global. Estas circunstancias, en su conjunto, han tenido su parte de responsabilidad en los excesos y, en último término, han dado como resultado una grave alteración del mercado.

Medidas que se han adoptado y que se van a adoptar

5. Hasta la fecha, hemos tomado medidas fuertes e importantes para estimular nuestras economías, proporcionar liquidez, reforzar el capital de las instituciones financieras, proteger ahorros y depósitos, abordar las deficiencias de regulación y descongelar los mercados crediticios, y estamos trabajando en asegurar que las instituciones financieras internacionales

(IFIs) estén en condiciones de proporcionar un apoyo esencial a la economía mundial.

6. Sin embargo, es necesario hacer más para estabilizar los mercados financieros y sostener el crecimiento económico. El impulso económico se está desacelerando de manera sustancial en las principales economías y las perspectivas globales han empeorado. Muchas economías de mercado emergentes, que han contribuido a sostener la economía mundial durante esta década, siguen experimentando todavía un crecimiento satisfactorio, pero se están viendo afectadas de manera adversa cada vez más por la desaceleración mundial.

7. Frente a este telón de fondo de condiciones económicas en franco deterioro en todo el mundo, hemos estado de acuerdo en que hace falta una respuesta política en todos los órdenes, basada en una cooperación macroeconómica más estrecha, que restablezca el crecimiento, evite consecuencias indirectas negativas para el gasto público y ayude a las economías de mercado emergentes y a los países en vías de desarrollo. Como medidas inmediatas para la consecución de estos objetivos, así como para abordar los problemas a más largo plazo, nos proponemos:

-mantener nuestros esfuerzos con todo vigor y tomar las medidas adicionales que sean necesarias para estabilizar el sistema financiero;

- reconocer la importancia de la contribución de la política monetaria, que se considera adecuada a las condiciones internas [de cada nación];

- recurrir en la medida apropiada a medidas fiscales para estimular las demandas internas con efecto inmediato, al mismo tiempo que se mantiene un marco político conducente a la sostenibilidad fiscal;

- ayudar a las economías emergentes y en vías de desarrollo a que tengan acceso a financiación en las actuales condiciones de dificultades financieras, facilitándoles liquidez directa y apoyo programado. Subrayamos el papel importante que corresponde al Fondo Monetario Internacional (FMI) en la respuesta a la crisis, nos complacen sus nuevas facilidades de liquidez a corto plazo e instamos la revisión ya en curso de sus instrumentos y servicios para garantizar la flexibilidad;

- animar al Banco Mundial y a los demás bancos de desarrollo multilateral (BDMs) a emplear a fondo toda su capacidad en apoyo de sus prioridades de desarrollo y nos complace la adopción reciente de nuevos servicios del Banco Mundial en las áreas de infraestructuras y financiación del comercio;

- garantizar que el FMI, el Banco Mundial y los demás BDMs cuentan con recursos suficientes para seguir desempeñando su papel en la superación de la crisis.

Principios comunes de reforma de los mercados financieros

8. Además de las medidas ya mencionadas, vamos a poner en marcha reformas que han de reforzar los mercados financieros y los regímenes reguladores con vistas a evitar crisis en el futuro. Toda regulación es, primera y principalmente, responsabilidad de los reguladores nacionales, que constituyen la primera línea de defensa contra la inestabilidad de los mercados. Sin embargo, nuestros mercados financieros tienen un ámbito global de actuación, de modo que resulta necesario intensificar la cooperación internacional entre los reguladores y reforzar las normas internacionales, así como, allí donde sea preciso, llevarlas a la práctica de manera coherente, para lograr la adecuada protección frente a acontecimientos globales, regionales y transfronterizos adversos que afecten a la estabilidad financiera internacional. Los reguladores deben garantizar que sus decisiones contribuyan a la disciplina del mercado, evitar consecuencias potencialmente negativas para

otros países, incluyendo un arbitraje regulador, y apoyar la competencia, el dinamismo y la innovación en los mercados. Las instituciones financieras deben cargar asimismo con su responsabilidad en la confusa situación actual y deberían asumir la parte que les corresponda para superarla, lo que incluye reconocer sus pérdidas, aumentar su transparencia y mejorar sus prácticas de gobierno interno y gestión del riesgo.

9. Nos comprometemos a poner en marcha políticas coherentes con los siguientes principios comunes de reforma:

- reforzar la transparencia y la responsabilidad: vamos a reforzar la transparencia de los mercados financieros, lo que implica aumentar la información exigible sobre los productos financieros complejos y hacer que las compañías informen de manera exhaustiva y fiel sobre sus condiciones financieras. Deberían situarse los incentivos en una misma línea para evitar una excesiva asunción de riesgos.

- mejorar la regulación en profundidad: nos comprometemos a reforzar nuestros regímenes reguladores, una supervisión prudente y la gestión de riesgos, así como a garantizar que todos los mercados financieros, sus productos y los que actúan en los mercados están regulados o sometidos a supervisión de la manera más adecuada a sus circunstancias. Vamos a ejercer una supervisión estricta sobre las instituciones de clasificación crediticia, coherente con un código internacional de conducta consensuado y reforzado. Asimismo, vamos a hacer que los regímenes reguladores sean más eficaces a lo largo del ciclo económico, al mismo tiempo que se asegure que la regulación sea eficaz, que no coarte la innovación y que fomente un mayor intercambio de productos y servicios financieros. Nos comprometemos a realizar evaluaciones transparentes de nuestros sistemas nacionales de regulación.

- promover la integridad de los mercados financieros: nos comprometemos a proteger la integridad de los mercados financieros mundiales mediante un reforzamiento de la protección a inversores y consumidores, la evitación de los conflictos de intereses, el impedimento de las manipulaciones ilegales de los mercados, las actividades y los abusos de carácter fraudulento y la defensa contra riesgos financieros ilícitos que surjan de jurisdicciones que no estén dispuestas a cooperar. Vamos a fomentar asimismo el intercambio de información, incluso en lo que respecta a las jurisdicciones que todavía tienen que comprometerse a aceptar las normas internacionales sobre secreto y transparencia bancarios.

- reforzar la cooperación internacional: hacemos un llamamiento a nuestros reguladores nacionales y regionales para que formulen sus regulaciones y otras medidas de manera consecuente. Los reguladores deberían reforzar su coordinación y su cooperación en todos los segmentos de los mercados financieros, incluso en lo que respecta a los movimientos transfronterizos de capitales. Los reguladores y las restantes autoridades a las que les ataña esta función deberían reforzar como cuestión prioritaria la cooperación sobre prevención, gestión y resolución de crisis.

- reformar las instituciones financieras internacionales: nos comprometemos a avanzar en la reforma de las instituciones surgidas de Bretton Woods para que puedan reflejar más adecuadamente el peso económico cambiante [de las naciones] en la economía mundial al objeto de reforzar su legitimidad y su eficacia. A este respecto, las economías emergentes y en vías de desarrollo, incluidos los países más pobres, deberían tener una voz y una representación mayores. El Forum por la Estabilidad Financiera (FEF) debe abrirse de manera urgente a la adhesión de las economías emergentes en general y el resto de los principales organismos que se ocupan del establecimiento de normas deberían revisar de manera inmediata sus condiciones de admisión de miembros.

El FMI, en colaboración con un FEF y otros organismos ampliados, debería trabajar en una mejor identificación de los puntos vulnerables, detectar posibles tensiones y actuar rápidamente para jugar un papel clave en respuesta a la crisis.

Cometidos de Ministros y Expertos

10. Estamos comprometidos a adoptar con rapidez medidas que hagan realidad estos principios. Damos instrucciones a nuestros ministros de finanzas, bajo la coordinación de la dirección del G-20 en 2009 (Brasil, Reino Unido y República de Corea), para que pongan en marcha estos procesos y un horizonte temporal para su cumplimiento. En el Plan de Acción que se adjunta se expone ya una primera lista de medidas específicas entre las que figuran medidas de prioridad máxima que deberán haberse llevado a cabo antes del 31 de marzo del 2009.

En consulta con otras economías y con otros organismos existentes, e inspirándose en las recomendaciones de eminentes expertos independientes que puedan convocar, pedimos a nuestros ministros de finanzas que formulen recomendaciones adicionales, entre ellas, en las siguientes áreas específicas:

- atenuar la tendencia a los ciclos en las políticas reguladoras;
- revisar y unificar las normas de contabilidad a nivel mundial, en especial en el caso de inversiones complejas en momentos de tensión;
- reforzar la elasticidad y la transparencia de los mercados de derivados crediticios y reducir sus riesgos para el sistema, lo que implica mejorar la infraestructura de los mercados de valores que no cotizan en bolsa;
- revisar los mecanismos de compensación relacionados con los incentivos a la asunción de riesgos y a la innovación;
- revisar los mandatos, el gobierno y las exigencias de recursos de las IFIs, y

- definir el ámbito de actuación de las instituciones importantes para el sistema y determinar la regulación o la supervisión que resulten más adecuadas.

11. A la vista del papel del G-20 en la reforma de los sistemas financieros, nos volveremos a reunir el 30 de abril del 2009 para pasar revista a la puesta en práctica de los principios y decisiones sobre los que hoy se ha llegado a un acuerdo.

Compromiso con una Economía Global Abierta

12. Reconocemos que estas reformas únicamente tendrán el éxito si están firmemente fundamentadas sobre un firme compromiso con los principios del libre mercado, incluyendo el imperio de la ley, el respeto por la propiedad privada, el comercio y las inversiones libres en los mercados competitivos y se apoyan sobre unos sistemas financieros eficientes y eficazmente regulados. Estos principios son esenciales para el crecimiento económico y la prosperidad, habiendo ya liberado a millones de personas de la pobreza y elevado sustancialmente el nivel de vida a escala global. Reconociendo la necesidad de mejorar la regulación del sector financiero, deberemos, sin embargo, evitar un exceso de regulación que podría obstaculizar el crecimiento económico y exacerbar la contracción de los flujos de capital, incluyendo a los países en desarrollo.
13. Subrayamos la importancia crítica que tiene el rechazo al proteccionismo y no involucionar hacia tiempos de incertidumbre financiera. A este respecto, y durante los próximos 12 meses, nos abstendremos de establecer cualquier clase de nuevas barreras a la inversión o al comercio de bienes y servicios, bien sea imponiendo nuevas restricciones a las exportaciones o bien implementando medidas que no se atengan a las estipulaciones de la Organización Mundial del

Comercio (OMC) con el fin de estimular las exportaciones. Además, nos esforzaremos por alcanzar un acuerdo este mismo año en relación con la Agenda para el Desarrollo de Doha, de la OMC, tratando de lograr unos ambiciosos y equilibrados resultados. En tal sentido, hemos cursado instrucciones a nuestros respectivos Ministros de Comercio para que alcancen el mencionado objetivo y estén dispuestos a intervenir personalmente en el proceso si ello fuera necesario. Asimismo, hemos acordado que, puesto que nuestros respectivos países son los que tienen la mayor participación en el sistema comercio global, todos deberemos aportar cuantas contribuciones positivas fueran necesarias para alcanzar el citado objetivo.

14. Somos plenamente conscientes del impacto que la actual crisis está teniendo sobre los países en vías de desarrollo y, muy particularmente, sobre los más vulnerables. Nos reafirmamos en la importancia que tienen los Objetivos de Desarrollo del Milenio, un compromiso que hemos adquirido para ayudar al desarrollo, y urgimos tanto a los países desarrollados como a las economías emergentes a que asuman compromisos coherentes con sus respectivas capacidades y los roles que desempeñan en la economía global. A este respecto, reafirmamos la vigencia de los principios para el desarrollo acordados durante la Conferencia sobre Financiación al Desarrollo de las Naciones Unidas celebrada en el año 2002 en la ciudad de Monterrey, en México, en la que se resaltaba tanto la propiedad por parte de los respectivos países como la movilización de todas las fuentes de financiación para el desarrollo.

15. Mantenemos nuestro compromiso de afrontar otros retos de naturaleza crítica, como son la seguridad energética y el cambio climático, la seguridad alimentaria, el imperio de la ley y la lucha contra el terrorismo, la pobreza y las enfermedades.

16. Mientras seguimos avanzando, confiamos plenamente en que, por medio de la colaboración continua, la cooperación y el multilateralismo, seremos capaces de superar los retos que tenemos ante nosotros y lograr restablecer la estabilidad y la prosperidad en la economía mundial.

Plan de Acción para la implementación de los Principios para la Reforma

En este Plan de Acción se incluye un plan de trabajo integral para la implementación de los cinco principios acordados para la reforma. Nuestros Ministros de Economía y Finanzas se encargarán de asegurar que las metas previstas en este Plan de Acción sean decidida y totalmente implementadas. Ellos serán los responsables del desarrollo e implementación del diseño de tales recomendaciones en los trabajos en curso de los organismos de mayor relevancia, como son el Fondo Monetario Internacional (FMI), el Foro para la Estabilidad Financiera (FEF) ampliado y los organismos regulares en proceso de establecimiento.

Refuerzo de la Transparencia y la Responsabilidad

Acciones inmediatas hasta el día 31 de marzo de 2009

- Los organismos clave con responsabilidad global deberán trabajar con el fin de reforzar los métodos de valoración de garantías, teniendo, además, muy en cuenta la valoración de productos complejos de baja liquidez, especialmente durante épocas de tensión.
- Los organismos responsables del establecimiento de normas contables deberán avanzar significativamente en sus tareas para poder resolver las posibles debilidades contables y hallar pautas para el control de los elementos que figuren fuera de balance.

- Los entes reguladores y los organismos responsables del establecimiento de normas contables deberán reforzar la debida transparencia para los participantes en los mercados de los instrumentos financieros complejos que lancen las diferentes firmas.
- Con la vista puesta en promover la estabilidad financiera, el gobierno del organismo internacional responsable del establecimiento de normas contables se verá reforzado más aún, incluyendo para ello medidas tales como la de revisión de sus miembros, con la finalidad de asegurar, muy particularmente, la transparencia, la responsabilidad y una relación apropiada entre este organismo independiente y las principales autoridades.
- Los organismos pertenecientes al sector privado que ya hayan desarrollado sus mejores prácticas para el tratamiento de fondos de capital o fondos de alto riesgo deberán presentar propuestas para el establecimiento de un conjunto unificado de buenas prácticas. Los Ministros de Economía y Finanzas deberán valorar la idoneidad de dichas propuestas partiendo de los análisis de los entes reguladores, el FEF ampliado y otros organismos relevantes.

Acciones a medio plazo

- Los organismos clave con una responsabilidad global deberán trabajar intensamente con el fin de alcanzar el objetivo de crear una única normativa global de alta calidad.
- Los entes reguladores, los supervisores y los organismos responsables del establecimiento de normas contables, y según proceda, deberán trabajar tanto unos con otros como con el sector privado sobre las bases actuales, con la finalidad de asegurar una aplicación coherente y un refuerzo de de normas contables de alta calidad.

- Las instituciones financieras deberán proporcionar en sus informes instrumentos reforzados para el descubrimiento de riesgos y desvelar todas sus pérdidas, y ello sobre las bases que rigen actualmente y de forma coherente con las mejores prácticas internacionales, tal como es debido. Los entes reguladores deberán trabajar intensamente para asegurarse de que en las informaciones económico financieras de cualquier institución financiera se proporcione una descripción completa, exacta y puntual de las actividades de la firma (incluyendo sus actividades no incluidas en balance) y que dicha información se ajuste a unas bases coherentes y regulares.

Refuerzo de una Regulación Firme

Regímenes regulatorios

Acciones inmediatas hasta el día 31 de marzo de 2009

- El FMI, el FEF ampliado y otros entes reguladores y organismos deberán desarrollar las recomendaciones precisas para poder mitigar la tendencia a la prociclalidad, incluyendo entre ellas la revisión de la valoración, el apalancamiento, el capital bancario, la compensación ejecutiva y las prácticas de aprovisionamiento pueden exacerbar las tendencias cíclicas.

Acciones a medio plazo

- Para el conjunto de países o regiones que aún no lo hayan hecho, cada uno de dichos países o regiones deberá comprometerse a revisar e informar sobre la estructura y principios de su sistema regulatorio, para, de tal forma, poder asegurarse de que es compatible con un sistema financiero moderno y crecientemente globalizado. A tal efecto, los miembros del G-20 se comprometen a elaborar un informe sobre un Programa de Valoración del Sector Financiero (PVSF) y apoyar la transparencia de las valoraciones de los sistemas regulatorios nacionales de cada país.

- Los organismos correspondientes deberán revisar la naturaleza diferenciada de las regulaciones en los sectores de la banca, títulos, y de seguros y proporcionar los correspondientes informes destacando las emisiones y haciendo las recomendaciones precisas o poniendo de manifiesto las mejoras que fueran necesarias. Asimismo, se deberá acometer una revisión del panorama de la regulación financiera, poniendo un especial énfasis sobre instituciones, instrumentos y mercados que actualmente se encuentran sin regular, además de asegurar que todas las instituciones sistémicamente relevantes se encuentren adecuadamente reguladas.
- Las autoridades nacionales y regionales deberán revisar los regímenes de disolución y la legislación sobre quiebras a la luz de las recientes experiencias para, así, asegurarse de se permite el cierre ordenado de grandes complejos de instituciones financieras transnacionales.
- Las diferentes definiciones de capital deberán ser armonizadas en orden a lograr estimaciones coherentes del capital y de la suficiencia de capital.

Perspectiva prudente

Acciones inmediatas a llevar a cabo antes del 31 de marzo de 2009

Los organismos reguladores deberán dar los pasos necesarios para asegurar que las agencias de calificación crediticia cumplan los más elevados estándares de la organización internacional de organismos reguladores de valores, a la vez que eviten conflictos de intereses, faciliten una mayor transparencia para inversores y emisores y diferencien la calificación de productos complejos. Todo esto ayudará a que las agencias de calificación crediticia cuenten con los incentivos adecuados, así como con una perspectiva apropiada que les permita desempeñar un papel fundamental en la provisión de información y evaluaciones imparciales para los mercados.

- La organización internacional de reguladores de valores deberá revisar la adopción, por parte de las agencias de calificación crediticia, de los estándares y mecanismos necesarios para la conformidad de esta supervisión.
- Las autoridades deberán asegurarse de que las instituciones financieras mantengan un capital adecuado en la cantidad necesaria para que se mantenga la confianza.
- Los encargados del establecimiento de los estándares deberán establecer ciertos requisitos fortalecidos de capital para los créditos estructurados y las actividades de securización de los bancos.
- Los supervisores y reguladores, en vista del lanzamiento inminente de servicios de contraparte centrales para coberturas por riesgos crediticios (CDS) en ciertos países, deberán: acelerar sus esfuerzos por reducir los riesgos sistemáticos de los CDS y las transacciones derivadas al contado (OTS), insistir en que los participantes en el mercado apoyen las plataformas de operaciones electrónicas o negociadas en Bolsa para los contratos de CDS; expandir la transparencia bursátil de los derivados de OTC, y asegurar que la infraestructura de los derivados de OTC pueda soportar volúmenes en expansión.

Acciones a medio plazo

- Las agencias de calificación crediticia que facilitan calificaciones públicas deberán estar registradas.

- Los supervisores y los bancos centrales deberán desarrollar enfoques robustos y de coherencia internacional para la supervisión de la liquidez de bancos fronterizos y las operaciones de liquidez bancaria central de dichos bancos fronterizos.

Gestión del riesgo

Acciones inmediatas a llevar a cabo antes del 31 de marzo de 2009

Los reguladores deberán desarrollar una guía mejorada para fortalecer las prácticas de la gestión del riesgo, en línea con las mejores prácticas internacionales, a la vez que alienten a las empresas financieras a reexaminar sus controles internos y a poner en marcha políticas fortalecidas para una sana gestión del riesgo.

Los reguladores deberán desarrollar e implementar procedimientos que aseguren que las empresas financieras implementen políticas para gestionar mejor el riesgo de liquidez, incluso mediante la creación de fuertes colchones de liquidez.

- Los supervisores deberán asegurar que las empresas financieras desarrollen procesos que faciliten la medida global y oportuna de las concentraciones de riesgo y de las posiciones del riesgo de contrapartes en todos los productos y geografías.
- Las empresas deberán volver a evaluar sus modelos de gestión del riesgo para protegerse del estrés, además de informar a los supervisores sobre sus esfuerzos.
- El Comité de Basilea deberá estudiar la necesidad y ayuda para desarrollar nuevos modelos de comprobación del estrés de las empresas, según considere apropiado.
- Las instituciones financieras deberán poseer claros incentivos internos para promocionar la estabilidad, y deberán asimismo

tomar medidas a través del esfuerzo voluntario o la acción regulatoria, con la finalidad de evitar esquemas de compensación que recompensen el exceso de rendimiento a corto plazo o la aceptación de riesgos.

- Los bancos deberán ejercer una gestión eficaz del riesgo y llevar a cabo las debidas diligencias con respecto a la securización y los productos estructurados.

Acciones a medio plazo

- Los organismos internacionales establecedores de estándares, trabajando con una amplia gama de economías y otros organismos apropiados, deberán asegurar que los mandatarios reguladores sean conscientes y capaces de responder con rapidez a la evolución y la innovación en los mercados y los productos financieros.
- Las autoridades deberán supervisar los cambios sustanciales en los precios de los activos, así como sus implicaciones para la macroeconomía y el sistema financiero.

Promoción de la integridad en los mercados financieros

Acciones inmediatas a llevar a cabo antes del 31 de marzo de 2009

- Nuestras autoridades regionales y nacionales deberán trabajar juntas para mejorar la cooperación reguladora entre jurisdicciones a escala regional e internacional.
- Las autoridades regionales y nacionales deberán trabajar para promover que se comparta la información sobre las amenazas nacionales y fronterizas contra la estabilidad del mercado, a la vez que aseguren que las provisiones legales nacionales (o regionales, si fuese aplicable) sean adecuadas para tratar tales amenazas.

- Las autoridades nacionales y regionales deberán igualmente revisar la normativa de conducta empresarial para proteger a mercados e inversores, especialmente frente a la manipulación y los fraudes en el mercado, y para fortalecer su cooperación fronteriza, de forma que se proteja el sistema financiero internacional frente a actos ilícitos. En caso de mala conducta, debería aplicarse un régimen de sanciones adecuado.

Acciones a medio plazo

- Las autoridades nacionales y regionales deberán poner en marcha medidas nacionales e internacionales que protejan el sistema financiero global de jurisdicciones no cooperadoras y poco transparentes que constituyan un riesgo de actividad financiera ilícita.
- El Grupo de Acción Financiera deberá continuar con su importante trabajo contra el blanqueo de dinero y la financiación terrorista, y del mismo modo apoyamos los esfuerzos del Banco Mundial y la iniciativa para la recuperación de activos robados (iniciativa StAr).
- Las autoridades impositivas, apoyándose en el trabajo de organismos destacados, como la OCDE (Organización para la Cooperación y el Desarrollo Económico), deberán continuar con los esfuerzos para promover un intercambio de información impositiva. La falta de transparencia y de un intercambio de información impositiva son aspectos a tratar de manera enérgica.

Refuerzo de la cooperación internacional

Acciones inmediatas a llevar a cabo antes del 31 de marzo de 2009

- Los supervisores deberán colaborar para establecer colegios supervisores para todas las principales instituciones financieras fronterizas, como parte de sus esfuerzos por fortalecer la supervisión de empresas fronterizas.

- Los principales bancos globales deberán reunirse con regularidad con sus colegios supervisores para mantener discusiones globales sobre las actividades de la empresa y la evaluación de los riesgos a los que ésta se enfrenta.
- Los reguladores deberán dar los pasos necesarios para fortalecer las disposiciones sobre la gestión de crisis fronterizas, incluyendo la cooperación y la comunicación entre sí, así como con las autoridades apropiadas, para desarrollar completas listas de contacto y para realizar ejercicios de simulación, según se considere apropiado.

Acciones a medio plazo

- Las autoridades, apoyándose en particular en el trabajo de los reguladores, deberán recopilar información sobre áreas donde la convergencia de prácticas reguladoras como estándares de contabilidad, auditorías y seguros de depósitos esté realizando progresos, tenga cierta necesidad de un progreso acelerado o donde pueda haber cierto potencial de progreso.
- Las autoridades deberán asegurar que las medidas temporales para restablecer la estabilidad y la confianza tengan las menores distorsiones posibles y se desarrollen de manera oportuna, secuenciada y bien coordinada.

Reforma de las instituciones financieras internacionales

Acciones inmediatas a llevar a cabo antes del 31 de marzo de 2009

- El Foro de Estabilidad Financiera deberá expandirse hasta alcanzar una afiliación más amplia de economías emergentes.

- El Fondo Monetario Internacional, centrado en la supervisión, y el Fondo de Estabilidad Financiera, centrado en el establecimiento de estándares, deberán fortalecer su colaboración, mejorar los esfuerzos para lograr una mejor integración de respuestas regulatorias y de supervisión en un marco político de macroprudencia y llevar a cabo ejercicios anticipados de advertencias.
- El Fondo Monetario Internacional, dada su afiliación universal y su destacada experiencia macrofinanciera, deberá, en estrecha coordinación con el Fondo de Estabilidad Financiera y otros organismos, adoptar un papel destacado en el aprendizaje de lecciones de la crisis actual, de manera coherente a su mandato.
- Deberíamos revisar la adecuidad de los recursos del Fondo Monetario Internacional, el Grupo del Banco Mundial y otros bancos de desarrollo multilateral, además de estar preparados para aumentarlos cuando sea necesario. El Fondo Monetario Internacional también deberá seguir revisando y adaptando sus instrumentos de préstamo para satisfacer de manera adecuada las necesidades de sus miembros y revisar su papel fundamental en vista de la actual crisis financiera.
- Debemos explorar nuevas formas de restaurar el acceso a los créditos por parte de los países emergentes y en vías de desarrollo, y retomar los flujos de capital privado que resultan fundamentales para el desarrollo y el crecimiento sostenible, incluyendo las actuales inversiones en infraestructura.
- En los casos en que los graves trastornos del mercado han limitado el acceso a la financiación necesaria de políticas fiscales anticíclicas, los bancos de desarrollo multilateral deben asegurar que se pongan en marcha las medidas necesarias para apoyar, en la medida de lo posible, a los países con buenos antecedentes y políticas sanas.

Acciones a medio plazo

- Pusimos de relieve que las Instituciones de Bretton Woods debían reformarse de manera exhaustiva para que puedan reflejar de forma más adecuada los pesos económicos cambiantes en la economía internacional y ser más responsables de los retos futuros. Las economías emergentes y en desarrollo deberán tener más voz y representación en dichas instituciones.
- El Fondo Monetario Internacional deberá realizar vigorosas y ecuánimes revisiones de la supervisión de todos los países, además de prestar una mayor atención a sus sectores financieros y a una mejor integración de las revisiones con los programas de evaluación del sector financiero de la unión entre el Fondo Monetario Internacional y el Banco Mundial. Basándonos en todo esto, es necesario fortalecer el papel del Fondo Monetario Internacional en el ofrecimiento de consejos políticos macrofinancieros.
- Las economías avanzadas, el Fondo Monetario Internacional y otras organizaciones internacionales deberán facilitar programas para la creación de capacidad para las economías de los mercados emergentes y de los países en vías de desarrollo sobre la formulación y la puesta en marcha de nuevas y destacadas regulaciones, que resulten coherentes con los estándares internacionales.

Declaración de la Cumbre sobre los Mercados Financieros y la Economía Mundial

Países Miembros del G-20 asistentes a la Cumbre de Washington, 14 y 15 de noviembre de 2008

Alemania
Arabia Saudita
Argentina
Australia
Brasil
Canadá
China
Corea, República de
España
Estados Unidos
Francia
Holanda
India
Indonesia
Italia
Japón
México
Reino Unido
Rusia
Sudáfrica
Turquía

Observadores internacionales

Banco Mundial
Fondo Monetario Internacional
Foro de Estabilidad Financiera
Naciones Unidas
Unión Europea

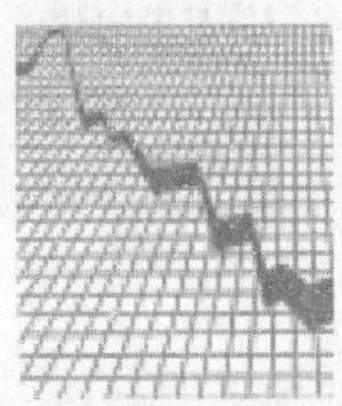

CUARTA PARTE
Lecciones que deja esta Crisis

ALICIA GARCÍA HERRERO

Profesora Asociada Univ. Autónoma de Madrid.
Investigadora Asociada Univ. de Hong Kong.
Economista Jefe Mercados Emergentes del BBVA

¿SALDRÁN GANADORAS AMÉRICA LATINA Y ASIA DE LA ACTUAL CRISIS FINANCIERA?

La profundidad de la crisis financiera

La crisis financiera que viven hoy los mercados internacionales se originó en el verano de 2007 en el mercado hipotecario de EEUU tras años de aumento desenfrenado del precio de la vivienda. El primero en verse afectado fue el sector de más alto riesgo, el llamado *sub-prime* que también ha dado nombre a la crisis.

Desde el verano de 2007 hasta la fecha, los problemas se han extendido hacia una gran variedad de agentes, activos y mercados. Uno de los primeros en verse afectado ha sido el mercado monetario en todos los países desarrollados, que ha visto reducida drásticamente su liquidez a pesar de las medidas adoptadas por los bancos centrales correspondientes. También ha aumentado sustancialmente la prima de riesgo, especialmente de las entidades financieras –tras el reconocimiento de elevadas pérdidas patrimoniales–, por lo que han tenido que retrasar, y en algunos casos paralizar, sus emisiones de deuda o planes de aumento de capital. Igualmente, se han registrado pérdidas sustanciales en otras clases de activos más allá de los residenciales, incluyendo los bonos municipales y los préstamos apalancados, especialmente en EEUU.

En parte como consecuencia de los problemas en el sector financiero, se ha producido una fuerte desaceleración de la economía norteamericana y, en menor medida, de la europea y japonesa. En EEUU, el mercado inmobiliario continúa sin estabilizarse y contribuyendo negativamente al crecimiento, a la vez que el consumo se debilita progresivamente como consecuencia del deterioro de la confianza del consumidor y del empeoramiento del mercado laboral. Aunque las autoridades monetarias y fiscales han tomado medidas rápidas para frenar la desaceleración la situación sigue siendo difícil.

En este ARI se pretende analizar por qué esta crisis financiera no parece estar afectando significativamente a las economías emergentes y si esta tónica se va a mantener en un futuro. El análisis concluye que la relativamente benévola situación actual se debería mantener, aunque existen tres riesgos principales: la inflación –común a todas las zonas emergentes pero también a los países industrializados–, un súbito aumento de la aversión al riesgo emergente y una caída brusca del precio de las materias primas en el caso particular de América Latina. Por último, se hace una reflexión sobre las oportunidades que pueden abrirse a los países emergentes en un contexto de relativa fortaleza respecto a los países industrializados.

¿Por qué un impacto moderado sobre las economías emergentes?

Ante la situación de crisis financiera internacional, parece sorprendente que las economías emergentes no se hayan visto muy afectadas en su crecimiento, como muestran los datos de la primera mitad de 2008, pero también las previsiones para 2008 y 2009 (Tabla 1).

Tabla 1. PIB: tasa de crecimiento

(%)	2007	2008(p)	2009(p)
EEUU	2,2	1	1,6
UEM	2,6	1,7	1,1
Asia emergente	9	7,8	7,5
Latinoamérica, inc. México	5,60	4,40	3,90

Fuente: BBVA a partir de fuentes nacionales.

De hecho, en anteriores ocasiones cuando el mundo desarrollado sufría una fuerte desaceleración, las economías emergentes se veían aun mas afectadas, hasta el punto de acabar en una crisis financiera en algunos casos. En otras palabras, estas economías solían amplificar los ciclos de los países desarrollados. El motivo de dicha amplificación venía claramente por el canal financiero, puesto que las restricciones de crédito en las economías emergentes eran tan importantes que cualquier aumento del coste de capital o reducción del acceso a la financiación externa les ponía en graves dificultades. Además, la denominación de pasivos en moneda fuerte aumentaba el riesgo asociado a una depreciación de la moneda local, que solía ocurrir cuando el capital extranjero se retiraba de un determinado país.

En el año que llevamos de crisis, el impacto en las economías emergentes ha sido casi nulo salvo algunas excepciones. En las dos regiones más relevantes para España –Asia, por su importancia sistémica, y América del Sur, por la inversión directa acumulada en la región– el crecimiento de los últimos trimestres ha seguido siendo muy elevado en prácticamente todos los países. Las exportaciones –que deberían ser las primeras en verse afectadas por el canal comercial– están aguantando muy bien.

En el caso de América del Sur esto se explica fácilmente por el ulterior aumento de los precios de las materias primas, que aun hoy constituyen una parte muy importante de las exportaciones totales en la mayoría de los países. También ayuda la mayor diversificación geográfica de las exportaciones, con una reducción del peso de EEUU y un aumento del de Asia, más allá del mayor comercio intrarregional (Gráfico 1).

Grafico 1. Distribución geográfica de las exportaciones de América del Sur

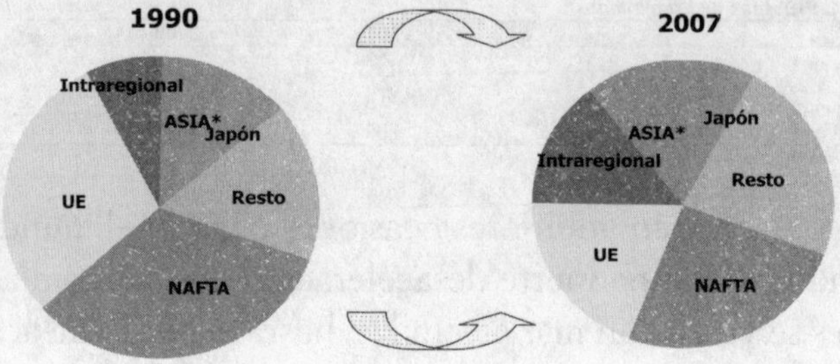

*Bangladesh, Bhutan, Cambodia, China, Fiji, India, Indonesia, Kiribati, Lao People's Democratic Republic, Malaysia, Maldives, Myanmar, Nepal, Pakistan, Papua New Guinea, Philippines, Samoa, Solomon Islands, Sri Lanka, Thailand, Tonga, Vanuatu, Vietnam
Fuente: DOTS y BBVA

En el caso de Asia, el fuerte crecimiento se explica por el importante aumento de los intercambios comerciales dentro de la propia región (Gráfico 2), aunque es cierto que en buena medida se trata de productos intermedios cuya demanda final sigue estando en el mundo industrializado (EEUU especialmente pero también Europa y Japón).

Grafico 2. Distribución geográfica de las exportaciones de Asia emergente

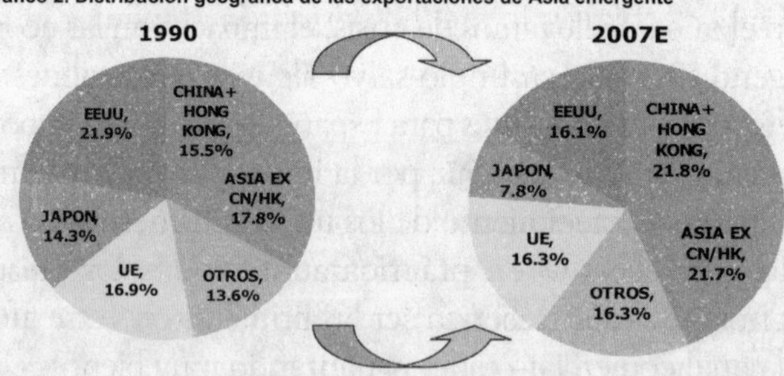

Más allá de la mayor resistencia de las exportaciones –que en cualquier caso debería ceder en breve, especialmente en el caso de Asia por los motivos antes descritos–, ambas regiones han acumulado fortalezas importantes desde las últimas crisis. Son estas fortalezas las que deberían evitar que el canal financiero –tan dañino en anteriores *shocks*– operara esta vez.

Una de las principales fortalezas es la mayor riqueza alcanzada por ambas regiones. De hecho, la renta per cápita (medida como capacidad de poder adquisitivo) se ha mas que duplicado en Asia y ha aumentado un 60% en América del Sur (Tabla 1, fila 1). Aunque América del Sur sigue siendo más rica, es cierto que las diferencias se han acortado en los últimos años a pesar del buen desempeño de las economías latinoamericanas. En cualquier caso, las diferencias con el mundo industrializado se han acortado aun más rápidamente (aunque la brecha, lógicamente, sigue siendo mucho mayor).

Mas allá de las ventajas generales derivadas de una mayor riqueza –tales como la menor necesidad de financiación externa para invertir– otra muy importante es que sirve de base para una mayor contribución de la demanda interna al crecimiento, especialmente en lo que se refiere al consumo privado. Así, el consumo privado ha aumentado su aportación al crecimiento sustancialmente en ambas regiones, y más aun en Asia (Tabla 2, fila 3). Por otro lado, la inversión también ha aumentado sustancialmente su aportación al crecimiento en América del Sur (Tabla 2, fila 4), lo que ha permitido aumentar la ratio de inversión sobre PIB a niveles comparables a los de la OECD (Tabla 2, fila 5).

Asimismo, en Asia la contribución de la inversión al crecimiento se ha recuperado después de una fuerte caída tras la crisis asiática de 1997. De la misma manera, la inversión como porcentaje del PIB casi ha alcanzado ya los niveles que tenía antes de la crisis, aunque es cierto que esta evolución tan favorable se debe en una parte sustancial a los enormes esfuerzos de inversión de China.

Tabla 2. Comparativa entre América Latina y Asia (1)

	América Latina			Asia		
	Actual	2000	1995	Actual	2000	1995
Renta *per cápita* (US$ PPP)	11420	8185	7253	9980	5932	4580
Aportación demanda interna	7,1	2,8	5,3	8,9	7,3	10,5
Consumo	3,4	0,6	0,8	4,05	1,7	3,6
Inversión	2,3	-0,1	0,3	4,8	2,5	4,3
Ratio Inversión PIB	22,10	17,70	20,40	36,4	31	37,3

Fuente: BBVA a partir de FMI y fuentes nacionales.

Otra fortaleza importante es la menor dependencia de ambas regiones del capital extranjero, especialmente del capital más volátil. De hecho, Asia y América Latina han ido reduciendo su financiación con bancos internacionales en los últimos años mientras que «Europa emergente» la ha aumentado sustancialmente (Gráfico 3). El espejo de esta realidad es la muy diferente evolución de las cuentas exteriores en Asia y América Latina –con superávit importantes, especialmente en Asia– respecto a «Europa Emergente» –con déficit crecientes–. De la misma manera, la deuda externa se ha reducido sustancialmente en Asia, del 31% de media en 2005 al 17% actualmente (Tabla 3) y, en menor medida, en América Latina (del 27% en 2005 al 21% actualmente).

Gráfico 3.

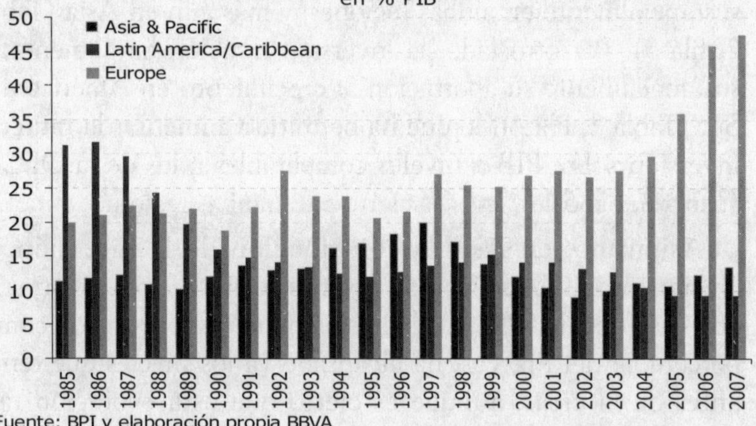

Fuente: BPI y elaboración propia BBVA

Tabla 3. Comparativa entre América Latina y Asia (2)

	América Latina			Asia		
	Actual	2000	1995	Actual	2000	1995
Saldo público/PIB	0,1	-2,8	-4,4	1,08	-2,1	-1,2
Saldo cc./PIB	1,7	-1,7	-2,4	6,3	2,04	-1,98
Reservas/PIB	15,00	9,80	9,70	42	21,8	14.6*

* No incluye Hong Kong en 1995.

La menor dependencia externa también se debe a la mayor solvencia fiscal. Esto es especialmente importante si se piensa que el elevado endeudamiento público fue la causa principal de muchas de las crisis anteriores, especialmente en América Latina. Así, de un déficit fiscal de alrededor del 4.5% del PIB en media en 1995, los países latinoamericanos han alcanzado ya el equilibrio de las cuentas públicas. En Asia la mejora ha sido menor, aunque la situación de partida era mejor (de alrededor del 1% del PIB de déficit en media en 1995 al 1% de superávit en 2007). Si se tiene en cuenta el mayor servicio de la deuda en América Latina (3.3% del PIB en media para 2007, respecto al 1.9% en Asia), el esfuerzo fiscal ha sido mayor en América Latina, como sería lógico dado el punto de partida y las consecuencias tan negativas que tuvo el excesivo endeudamiento público (Tabla 4).

Tabla 4. Comparativa entre América Latina y Asia (3)

	América del Sur			Asia		
	Actual	2000	1995	Actual	2000	1995
Ratio deuda pública/PIB	37,3	40,4	30,4	37	40,1	30
Deuda externa/PIB	21,4	35,5	27,2	17,4	29,3	30,9
Servicio deuda externa/PIB	3,3	7,6	3,8	1,9	4,1	3,5
Deuda externa denominada en US$ sobre externa denominada en moneda extranjera	75,21	74,10	74,24	71,1	72,2	64,8

Fuente: BBVA a partir de fuentes nacionales.

Otra de las razones por las que ha disminuido la dependencia del capital exterior es el mayor desarrollo de los mercados financieros locales. Esto es cierto para ambas regiones, aunque el tamaño de los mercados es mucho mayor en Asia y ya lo era incluso antes de las crisis de los 90. Lo importante es que el desarrollo de los mercados financieros se ha producido no solo en el sector bancario –como había sido la norma hasta ahora– sino también en los mercados de capitales. En el caso de Asia, el crecimiento se ha concentrado en los mercados bursátiles locales y en mayor medida en Hong Kong y Singapur, que se han convertido en importantes bolsas regionales. En América Latina el desarrollo en el mercado de bonos y bursátil ha sido más equilibrado.

Finalmente, la solvencia del sistema bancario también ha aumentado en ambas regiones tras las crisis que en algunos casos se originaron en el sistema bancario o bien lo arrastraron. En cualquier caso, la mejora es mucho más evidente en América Latina que en Asia, como se refleja claramente en las tasas de morosidad en los principales países (Gráfico 4). Los motivos de esta diferencia tan marcada pueden ser varios: desde la calidad de la regulación y supervisión al papel que hayan podido jugar los bancos extranjeros –mucho mas presentes en América Latina que en Asia– en mejorar las prácticas bancarias y la gestión del riesgo.

Gráfico 4

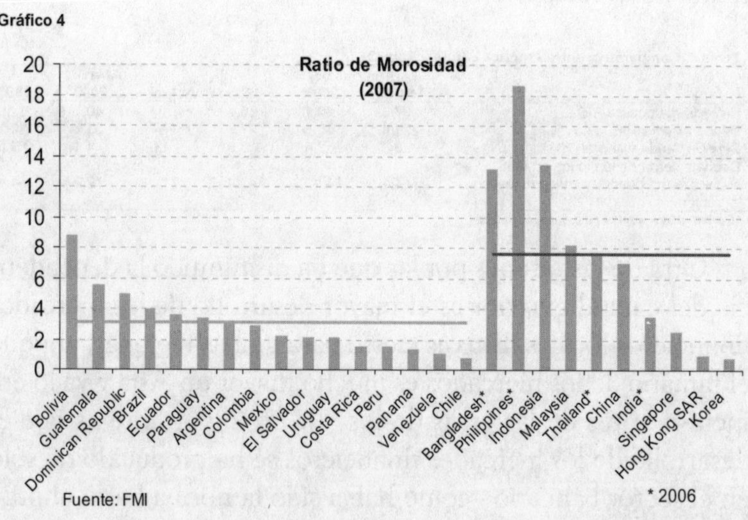

Fuente: FMI

* 2006

Riesgos para este escenario benévolo

A pesar de las fortalezas anteriormente descritas, no cabe duda que existen riesgos importantes en el escenario anteriormente descrito.

El primero es la inflación, que se ha acelerado mucho más en los países emergentes que en los desarrollados (Gráfico 5).

Grafico 5

Inflación, países desarrollados y emergentes

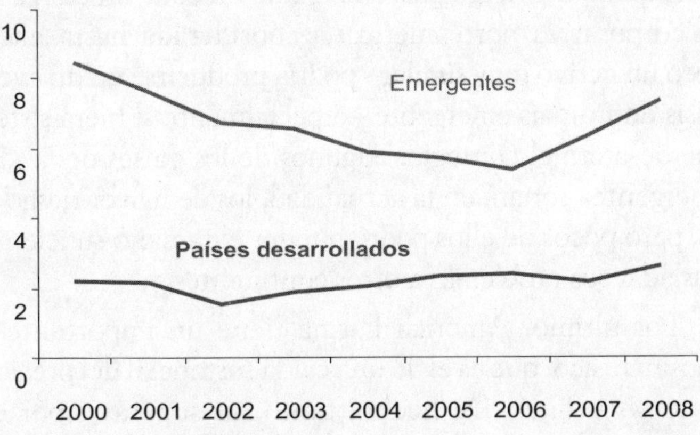

En el caso de Asia, una buena parte del aumento de la inflación se concentra en alimentos y energía, mientras que el traslado al índice general de precios ha sido mucho más evidente en América Latina, por lo que el riesgo de permanencia de presiones inflacionistas parece más evidente en este último caso.

Los bancos centrales en ambas regiones del mundo han empezado a reaccionar ante el fuerte aumento de la inflación de manera más o menos agresiva según el país, pero lo cierto es que no se trata de una reacción preventiva sino más bien reactiva. El motivo por el que la reacción ha podido ser un tanto lenta se explica por dos factores: (1) la naturaleza del *shock* inflacionario, fundamentalmente de oferta; y (2) el delicado contexto internacional en el que se encontraba, con la Reserva Federal bajando los tipos de interés apresuradamente para hacer frente a la crisis y con el consiguiente aumento en el diferencial de tipos y las presiones apreciatorias de sus monedas, más allá de la fuerte desaceleración de su demanda externa, al menos por el lado de las economías industrializadas.

El segundo riesgo común a todos los países emergentes es un brusco aumento de la prima de riesgo emergente. Aunque no parece probable que ocurra –especialmente tras el buen desempeño del riesgo país emergente en comparación a la deuda corporativa norteamericana considerada hasta hace bien poco un activo muy similar– podría producirse en un evento de crisis en un país emergente –especialmente si fuera sistémico– que desatara el contagio. Algunos de los países de la «Europa emergente» serían, en la actualidad, los de mayor riesgo de crisis, pero pocos de ellos podrían tener el tamaño suficiente para trasladar sus problemas a otros continentes.

Por último, América Latina tiene un importante riesgo idiosincrásico, que es el de una caída sustancial del precio de las materias primas. De hecho, tanto los superávit por cuenta corriente como la acumulación de reservas internacionales y, en algunos casos, la buena situación fiscal, se explican en gran medida por la bonanza de las materias primas. Un súbito giro en los precios podría tener consecuencias negativas, especialmente en países como Argentina y Venezuela.

La crisis como oportunidad para las economías emergentes

A pesar de los riesgos, hay motivos para pensar que Asia emergente y América Latina podrán acelerar su senda de convergencia con los países industrializados, puesto que el diferencial de crecimiento podría ser tan o más favorable como hasta ahora.

Más allá de que América Latina y Asia no se vayan a ver excesivamente afectadas por la desaceleración en el mundo desarrollado, la crisis financiera puede ser una oportunidad para mejorar su posición en el entramado empresarial mundial y, especialmente, en el sector financiero. De hecho, los fondos de riqueza soberana de Asia y Medio Oriente –receptores de una parte de la riqueza acumulada a través de los importantes superávit externos– ya han realizado inversiones de calado en algunas de las entidades financieras más castigadas durante la crisis.

Adicionalmente, en los últimos años se han ido creando multinacionales latinoamericanas y asiáticas –especialmente chinas e indias– que compiten en los mercados desarrollados. Así, compañías como Huawei y Lenovo (en China), Tata (en India), Cemex (en México) o Embraer y Vale (en Brasil) entre otras, no solo tienen posiciones dominantes en sus propios mercados sino que han salido de compras y ya son empresas globales. De hecho, ya figuran entre las 500 más grandes del mundo según la clasificación de la revista *Fortune.*

No cabe duda que estas empresas –que en general gozan de una buena situación financiera y, en muchos casos, cuentan con mercados internos donde financiarse– aprovecharán el empeoramiento del entorno de sus competidores para realizar nuevas adquisiciones. La fortaleza de las monedas locales, especialmente en América Latina, abaratan aun más las posibles adquisiciones. Así, y descartando un escenario terriblemente negativo en el que la crisis financiera se agudiza y se extiende geográficamente, estas adquisiciones permitirán a las empresas latinoamericanas y asiáticas beneficiarse más de la recuperación del mundo desarrollado cuando se produzca y, más generalmente, obtener ganancias de diversificación como hasta ahora lo habían hecho las multinacionales de países desarrollados. Otras ganancias importantes serán el acceso a nuevos mercados y la transferencia tecnológica y de *know-how*, todavía muy importante para las multinacionales emergentes.

Conclusión: A pesar del difícil momento que está atravesando la economía mundial y de algunos riesgos importantes, especialmente el de la inflación, hay razones para pensar que las economías emergentes, y en concreto América Latina y Asia, se beneficiarán de esta coyuntura.

Por un lado, parece improbable que se vean arrastradas hacia una crisis como solía ocurrir en el pasado. Este cambio estructural se debe, fundamentalmente, a las fortalezas acumuladas tras las duras lecciones de los años 90. Aunque aun persisten algunas debilidades –en especial la elevada dependencia de las materias primas en el caso de América Latina– el riesgo parece acotado en la actual coyuntura internacional.

Por otro lado, la riqueza acumulada por ambas regiones –especialmente en Asia, gracias a los recurrentes superávit externos– puede servir para que estos países adquieran entidades financieras actualmente con problemas de financiación o pérdidas patrimoniales, pero bien gestionadas. El traspaso de conocimiento, de por sí, más allá del retorno de la inversión, debería ser muy valioso para una región como la asiática, donde la gestión bancaria sigue siendo débil.

Por último, las grandes multinacionales latinoamericanas y asiáticas que se han forjado en los últimos años deberían también beneficiarse de la situación actual y comprar empresas que antes de esta crisis no estaban a su alcance. Las ganancias para las multinacionales emergentes deberían ser importantes.

ANDRÉS OPPENHEIMER

Editor para Latinoamérica «The Miami Herald».
Analista CNN. Premio Rey de España y Ortega y Gasset.

SE VIENEN AÑOS DE VACAS FLACAS

No se engañen con el universal suspiro de alivio que se oyó el viernes cuando el Congreso de Estados Unidos aprobó un paquete de rescate de $700 mil millones para salvar al sistema bancario del país. La medida contribuirá a evitar un colapso financiero, pero la economía estadounidense seguirá en baja, y Latinoamérica recibirá un golpe más grande que el que muchos suponen.

Es cierto, la crisis de Wall Street que sacudió a los mercados mundiales durante las últimas semanas no significará "la debacle del capitalismo", tal como el presidente venezolano Hugo Chávez proclamó triunfalmente, ni significa que el Primer Mundo "se derrumba como una burbuja (sic)", como dijo la presidenta argentina Cristina Fernández de Kirchner.

Eso no ocurrirá. Lo más probable es que signifique un movimiento pendular, desde una economía de libre mercado excesivamente desregulada durante el gobierno de Bush hacia una economía más regulada, como ha ocurrido muchas veces en Estados Unidos después de ciclos de gastos excesivos e impuestos insuficientes. Pero a juzgar por lo que escuché de boca de varios presidentes latinoamericanos, ministros de economía y economistas durante la Conferencia de las Américas del Miami Herald horas después de la aprobación del rescate financiero, la crisis crediticia de Estados Unidos nos afectará a todos durante el resto de este año y en el curso de todo el 2009, si no más tiempo. Se vienen años de vacas flacas.

"El golpe ha sido tan grande que a los consumidores estadounidenses les llevará cierto tiempo empezar a comprar otra vez, o a pedir créditos", me dijo Mustafa Mohatarem, jefe de economistas de General Motors. «El gasto de consumo se reducirá durante un período de por lo menos dos años».

Eso significará una desaceleración del crecimiento económico estadounidense, que es el motor de la economía mundial y la principal fuente de comercio, turismo e inversión de muchos países latinoamericanos.

Mientras que antes de esta crisis los economistas pronosticaban un crecimiento anual de 3 por ciento en Estados Unidos durante los próximos años, ahora se calcula que la economía crecerá un 1 por ciento el año próximo, o que no crecerá en absoluto.

Como resultado, los países latinaoamericanos verán caer sus exportaciones al mercado más grande del mundo, y recibirán menos turistas estadounidenses y menos remesas familiares de Estados Unidos. Esto perjudicará especialmente a México y Centroamérica, cuyas economías están estrechamente vinculadas al mercado estadounidense.

Pero también Sudamérica se verá afectada por una reducción de los precios de las materias primas, porque el menor crecimiento de la economía mundial resultará en una menor demanda de petróleo, soja y otras materias primas que han sido la base del crecimiento de Venezuela, Argentina y otros países de la región. «'La burbuja de los *commodities*, aunque no ha estallado, se está desinflando considerablemente»', dijo Mohatarem.

En el plano financiero, Latinoamérica tendrá mayores dificultades para acceder a préstamos externos para pagar sus proyectos de infraestructura o cumplir con los pagos de la deuda externa. Además, la crisis financiera se produce en un momento en el que muchos países ya están haciendo frente a mayores gastos por sus importaciones de petróleo y de alimentos.

"Hay cuatro crisis simultáneas que están afectando a nuestros países", dijo el presidente de la República Dominicana, Leonel Fernández. ``La crisis financiera, la crisis energética, la crisis de alimentos y la crisis climática. Esto va a tener una incidencia directa en lo inmediato".

Augusto de la Torre, director del departamento latinoamericano del Banco Mundial, me dijo horas después del rescate bancario que la economía latinoamericana probablemente crecerá entre un 2.5 por ciento y un 3.5 por ciento en el 2009. Antes de la crisis, el Banco Mundial y la mayoría de las instituciones financieras internacionales estaban proyectando un crecimiento de alrededor de más de 4.5 por ciento el año próximo para la región.

Mi opinión: el rescate financiero es una buena noticia, pero no será suficiente. No reactivará el crecimiento mundial si Washington no empieza a reducir su deuda de más de 11 billones de dólares, y la gente vuelve a confiar en la economía.

El próximo presidente estadounidense debería imponer un paquete de austeridad, no muy diferente a los que se prescribían a los países latinoamericanos durante sus crisis financieras de los años ochentas y de los noventas.

En cuanto a que países latinoamericanos resultarán más perjudicados, paradójicamente la lista probablemente incluya a varios de los que han celebrado la crisis financiera de Estados

Unidos como un presunto "colapso" del capitalismo, y que ya tienen poco acceso al crédito internacional.

La caída del precio de las materias primas reducirá los ingresos y puede aumentar las tensiones políticas en Venezuela, Argentina, Ecuador y otros países exportadores de materias primas que han estado gastando más de lo que deberían. Sus políticas populistas estaban cimentadas en los estratosféricos precios de las materias primas, y es posible que ahora estén entre las principales víctimas de la desaceleración de la economía global.

Estados Unidos debe tomar su propia medicina

El presidente George W. Bush está usando una buena parte de su tiempo en consultas con líderes europeos sobre cómo poner fin a la crisis financiera global. Pero debería también pedirle consejo a México y a otros países latinoamericanos que lograron recobrarse de sus debacles financieras.

Varios economistas internacionales dicen que Estados Unidos podría aprender algunas lecciones de la crisis financiera mexicana de 1994, que sacudió a los mercados mundiales y que terminó con un enorme paquete de rescate de Estados Unidos y el Fondo Monetario Internacional.

Claudio Loser, que era director del departamento latinoamericano del FMI durante la crisis mexicana, y que ahora se desempeña como consultor privado en Washington D.C, escribió esta semana en el boletín informativo electrónico Latin American Advisor que un informe del FMI del 2005, sobre las crisis bancarias latinoamericanas, nos demuestra cómo la historia se repite. Si tomamos las palabras "México" y "1994" en ese informe del FMI y las reemplazamos por "Estados Unidos" y ``2008", las similitudes son notables.

"La oleada de quiebras bancarias en México en diciembre de 1994 se produjo luego de un período de liberalización financiera y de proliferacion de créditos bancarios, y en ausencia de adecuada regulación y supervisión bancaria", decía el FMI en el 2005. «Cuando la mala calidad de las carteras de préstamos de los bancos mexicanos se hizo evidente, las cotizaciones de la moneda, las acciones y los precios inmobiliarios cayeron en picada, reduciendo todos los valores y provocando grandes pérdidas a los bancos».

Para detener la hemorragia financiera mexicana, el entonces presidente Bill Clinton y el FMI rescataron la economía mexicana con un plan de salvataje de $38 mil millones, es decir alrededor del 10 por ciento del producto bruto mexicano de ese momento. Eso no fue demasiado diferente, en términos proporcionales a la economía nacional, del reciente plan de rescate de $700 mil millones aprobado por el Congreso de Estados Unidos, sumado a otros paquetes de estímulo aprobados por el gobierno norteamericano, según dice Loser.

Una vez que Washington y el FMI desembolsaron el dinero, México mejoró la supervisión del sector financiero con nuevas regulaciones. Eso produjo el colapso de varios bancos, y la fusión de otros, tal como está ocurriendo en Estados Unidos hoy. Aunque el rescate bancario mexicano estuvo acompañado de serias acusaciones de corrupción, México se recuperó y pagó su deuda a Estados Unidos y al FMI a principios de 1997, dos años antes de su vencimiento, con una ganancia neta para el Tesoro de Estados Unidos.

¿Que lección tendría que aprender Washington de México?, le pregunto a Loser esta semana.

"La principal lección es que los paquetes de rescate financiero y las nuevas regulaciones no son suficientes si no se adopta un plan de austeridad con recortes del gasto público para poner la casa en orden", me dijo Loser. «México lo hizo y ahora lo tiene que hacer EE. UU». Loser señala que hacer estas cosas de inmediato podría empeorar la actual parálisis económica, pero

Washington tendrá que adoptar estas medidas en los próximos meses. Entre otras cosas, Washington tendrá que pensar en reducir excepciones impositivas a grandes corporaciones, disminuir los programas de ayuda social y aumentar los impuestos.

Mi opinión: estoy de acuerdo. Washington debe aplicar el mismo remedio que prescribió a los países latinoamericanos durante sus respectivas crisis financieras y adoptar un plan de austeridad con reducciones del gasto del gobierno (yo empezaría por los subsidios agrícolas).

Si no se aplica un paquete de austeridad, el rescate actual no mitigará los temores de Wall Street y el resto del mundo.

¿Llegó el fin del primer mundo?

Cuando llegué a este país la semana pasada en medio de la crisis financiera de Estados Unidos, pensé que encontraría al gobierno de la presidenta Cristina Fernández de Kirchner profundamente preocupado por el posible impacto en Argentina del caos reinante en los mercados mundiales. ¡Me equivoqué de cabo a rabo!

Al igual que el presidente venezolano Hugo Chávez, la presidenta Fernández y sus seguidores —que, por cierto, son más difíciles de encontrar ahora que la última vez que estuve aquí en enero— reaccionaron con poca disimulada satisfacción ante lo que consideran el colapso de Estados Unidos, y como una reivindicación de su decisión de rechazar las políticas de libre mercado recomendadas por el gobierno norteamericano.

Estamos viendo como ese primer mundo, que nos habían pintado en algún momento como una Meca a la que debíamos llegar, se derrumba como una burbuja (SIC), dijo la presidenta Fernández. Nosotros con nuestro proyecto de construir con nuestros propios esfuerzos aquí estamos en medio de la marejada, firmes, reconstruídos y dispuestos a enfrentar el presente y el futuro.

Más tarde, esa misma semana, Fernández sugirió que, contrariamente a lo que alegan quienes afirman que Argentina debe insertarse en la economía global, el estatus del país como paria de los mercados financieros internacionales era en realidad algo positivo, que lo protegerá de los *shocks* financieros externos. Argentina entro en default de su deuda externa en el 2001, y depende de Chávez para obtener préstamos a una tasa de interés más alta que la usual.

Fernández citó informes de prensa estadounidenses sobre la masiva intervención estatal de las instituciones financieras como prueba de que Argentina había estado en lo correcto con sus recientes nacionalizaciones. Y en un exabrupto de orgullo nacionalista —o megalomanía pueblerina— sostuvo que Walt Disney había copiado Disneylandia de La Ciudad de los Niños, un parque de diversiones de la ciudad de La Plata, insinuando que Argentina ha estado muchas veces a la vanguardia de Estados Unidos y el resto del mundo.

En la misma tónica, el periódico oficialista *Página 12* encabezó su portada del 18 de septiembre con el título: *La decadencia del imperio americano*.

Aunque muchos argentinos creen genuinamente que Estados Unidos ha colapsado como potencia mundial, algunos de los principales columnistas argentinos criticaron de inmediato los comentarios de la Presidenta.

Joaquín Morales Sola, del diario *La Nación*, escribió que la afirmación hecha por Fernández respecto al desmoronamiento del primer mundo y la supuesta fortaleza de Argentina era prematura y errónea. A Argentina le resultará más difícil acceder a préstamos bancarios a medida que los inversores se marchen en busca de mercados más seguros, y el precio de la soja —la principal exportación del país— probablemente caiga en medio de una resesión económica mundial, señaló. Eduardo van der Kooy, del diario *Clarín*, calificó de frívolas las declaraciones de la Presidenta.

Otros analistas políticos me dijeron que la retórica deFernández puede ser un intento de tapar los crecientes problemas que enfrenta su gobierno. La economía se está desacelerando, un juicio en Miami está produciendo revelaciones diarias sobre el envío del gobierno de Chávez de, por lo menos, $800,000 en efectivo a la Argentina que según algunos testigos estaban destinados a la campaña presidencial de Fernández, y los diarios informan que la mandataria y su esposo han registrado recientemente una nueva empresa —una consultora financiera llamada El Chapel— que se es la última adición de lo que, según afirman, es ya una cuantiosa fortuna familiar. No resulta sorprendente que la popularidad de Fernández se haya desmoronado en los últimos meses.

Mi opinión: No creo que Estados Unidos se "derrumbe como una burbuja", para usar la confusa metáfora de la Presidenta. En algún momento ocurrirá eso, como ha ocurrido con todas las superpotencias de la historia, pero no creo que ocurra ahora.

En primer lugar, el sistema bancario estadounidense está más regulado que otros, y muchos bancos europeos y asiáticos simplemente están postergando el sinceramiento que han hecho los bancos de Wall Street.

Segundo, tal como me dijo Bill Gates en una entrevista reciente, las universidades norteamericanas todavía están produciendo las innovaciones más redituables del mundo, y lo seguirán haciendo al menos durante dos décadas.

Así como las universidades estadounidenses importaron las mejores mentes europeas en la época de la Segunda Guerra Mundial, ahora están atrayendo los mayores talentos de China y de India.

En tercer lugar, y más importante, es probable que Estados Unidos siga siendo un refugio seguro para los inversores de todo el mundo.

En medio del tsunami financiero de Wall Street la semana pasada, los argentinos no salieron corriendo a comprar bolívares venezolanos, ni yuanes chinos, y ni siquiera euros. Corrieron a comprar dólares estadounidenses, llevando el cambio del mercado negro de 3.10 pesos a 3.25 pesos. Eso resulta muy revelador.

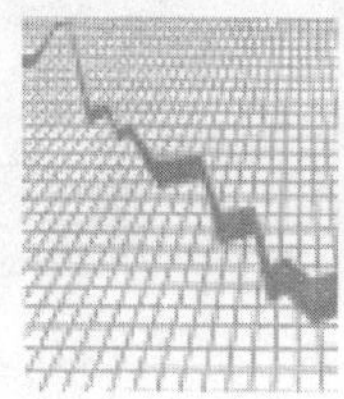

MIKHAIL GORBACHEV

Líder de la Unión Soviética de 1985 a 1991.
Premio Nobel de la Paz en 1990.

FUSIONANDO MORALIDAD Y CAPITALISMO

A medida que la crisis financiera global se profundiza, resulta claro que el colapso del mercado de valores no sólo afecta a los ricos, cuyos estilos de vida muy difícilmente sean afectados, sino a millones de personas comunes que pusieron sus ahorros de toda la vida en el mercado.

La crisis financiera es, posiblemente, sólo la primera etapa en una debacle económica que podría ser la peor desde la Gran Depresión de la década del treinta.

La crisis no vino de la nada. Han existido advertencias de diferentes sectores, incluidos economistas. También hubo exhortaciones de veteranos líderes mundiales de la Comisión Trilateral y del Foro Político Mundial, que mostraron su preocupación por los mercados financieros, convertidos en peligrosas burbujas con poca o ninguna relación con el flujo real de bienes y de servicios. Pero todas esas advertencias fueron desdeñadas. En los próximos meses, la codicia y la irresponsabilidad de algunos pocos nos afectará a todos. Ningún país, ningún sector de la economía, podrán escapar a la crisis. El modelo económico que se desarrolló a partir de la década del ochenta se está cayendo a pedazos. Se basaba en acrecentar las ganancias aboliendo toda clase de regulaciones, cuya intención era proteger los intereses de la sociedad en su conjunto. Durante décadas, nos han dicho que eso beneficiaría a todos. «Una marea en ascenso alza todas las embarcaciones». Pero las estadísticas dicen que eso no ha ocurrido.

El crecimiento económico de las décadas recientes, que es bastante modesto comparado con los de las décadas de los cincuenta y los sesenta, ha beneficiado, de manera desproporcionada, a los sectores más ricos de la sociedad. Los estándares de vida de la clase media se han estancado. Y la brecha entre ricos y pobres se ha ampliado inclusive en los países más desarrollados.

El sistema se hizo aún más precario debido a los préstamos irresponsables respaldados por complejas herramientas de derivativos. Esos instrumentos eran en realidad sofisticadas pirámides financieras. Inclusive la mayoría de los economistas y de los banqueros no pueden explicar cómo funcionan esas herramientas. Los inventores de esas tramoyas fueron sus principales beneficiarios.

De todos los hechos que han salido a la luz en semanas recientes, uno me ha llamado particularmente la atención. El año pasado, según algunos cálculos, los principales bancos de inversiones de Estados Unidos pagaron a sus ejecutivos 38.000 millones de dólares en bonificaciones. Si se divide eso por el total de las fuerzas laborales, se descubre que representa 200.000 dólares por persona, cuatro veces más que el ingreso de una familia promedio en Estados Unidos. Y también estaban los paracaídas dorados, esos bonos multimillonarios pagados a los ejecutivos de los bancos que colapsaron o fueron rescatados por el gobierno. Para decirlo en pocas palabras: se trató de un capitalismo de degollina para la mayoría, y de un «socialismo», ayuda del gobierno, para los fabulosamente ricos. Pese a ello, dentro de tres o cuatro años, una vez sea superada la parte más álgida de la crisis, esas mismas personas nos dirán que el capitalismo salvaje es lo mejor, y que debemos eliminar toda regulación. ¿Hasta la próxima y más destructiva crisis?

El actual modelo de globalización ha conducido a la liquidación de industrias en regiones completas. Se ha deteriorado la infraestructura y las estructuras sociales. Se han creado tensiones causadas por proceso incontrolables en materia económica, social, y de inmigración.

El daño moral también ha sido enorme, e inclusive se refleja en el lenguaje. No se habla de evasión impositiva, sino de «planificación impositiva». Y los despidos en masa son explicados como «optimización del personal».

El papel del estado y de la sociedad civil han sido disminuidos. Los seres humanos no son ya vistos como ciudadanos, sino como «consumidores de servicios del gobierno».

El resultado es una mezcla explosiva de darwinismo social: la sobrevivencia del más fuerte, y la filosofía de «Después de nosotros, el diluvio».

La creciente crisis ha hecho que los encargados de tomas de decisiones se concentren en medidas inmediatas de rescate. Por supuesto, esas medidas son necesarias, pero también es necesario reconsiderar las bases del modelo socio-económico de la sociedad moderna. Inclusive, su filosofía. Pues esta sociedad se ha convertido en algo bastante primitivo. Se basa totalmente en el lucro, en el consumismo, y en la ganancia personal.

Pero inclusive el gurú de la moderna teoría monetarista, Milton Friedman, al que tuve oportunidad de conocer, señaló que el hombre era algo más que un «Homo Economicus». Y que la vida de la sociedad no puede confinarse al interés económico.

Hace algún tiempo, propuse combinar la política con la moral. Durante la perestroika, intenté actuar con la convicción de que la política debe tener un ingrediente moral. Creo que por esa razón, y pese a los errores que cometimos, logramos sacar a Rusia del totalitarismo.

Por primera vez en la historia de Rusia, se logró un cambio radical, y se lo llevó al punto de no retorno sin necesidad de derramar sangre.

Ha llegado el momento de combinar la moralidad y los negocios. Se trata de un asunto difícil. Por supuesto, los negocios tienen que prosperar, o desaparecerán. Pero decir que el único deber moral de un empresario es ganar dinero está apenas a un paso del lema «lucro a cualquier precio». Y en tanto en el área de la economía real de producción existe todavía alguna transparencia: tradiciones, sindicatos y otras instituciones, que dan a la sociedad cierta influencia, el área de la «ingeniería financiera», tal como lo hemos visto, carece de esas instituciones. No hay ahí glasnot, ni transparencia, ni moralidad. Y las consecuencias pueden ser devastadoras.

La alianza de políticos y de empresarios — que durante décadas han presionado para acabar con las regulaciones y diseminar la economía del laissez-faire por el mundo entero — con analistas, que celebran las acciones de compañías en los cuales tienen intereses, y de teóricos cuya única solución es «acabar con todo control», ha sido destructiva, y con frecuencia corrupta. Eso lo hemos visto en Rusia, donde esas recetas fueron promocionadas con extravagante frenesí durante la década del noventa.

Ahora, esa pirámide, perniciosa e inmoral, ha colapsado. Es necesario pensar en un modelo que pueda reemplazar al actual. No estoy proponiendo romper todo sin pensar en las consecuencias. Y tampoco tengo soluciones prefabricadas. El cambio tiene que ser evolutivo. Un nuevo modelo surgirá. Y no puede basarse totalmente en el lucro y en el consumismo.

Estoy convencido de que, en una nueva economía, las necesidades del pueblo y los bienes públicos deben desempeñar un papel más grande que en la actualidad. El pueblo necesita tener las cosas claras: se necesita un medio ambiente sano; una infraestructura moderna, funcional; sistemas de educación y de salud. Y viviendas accesibles.

Construir un modelo que enfatice esas necesidades demorará tiempo y esfuerzos. Se requieren avances intelectuales. Pero existe una cosa que los hacedores de políticas deben comprender: sin un componente moral, cualquier sistema está condenado a fracasar.

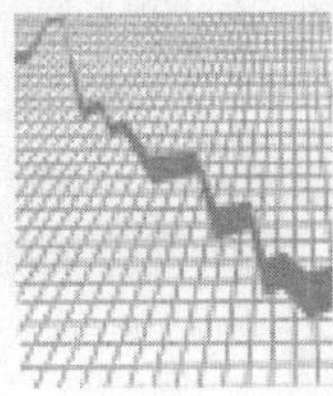

Glosario

Acción: título que establece la participación proporcional que su poseedor tiene en el capital de una empresa.

Bolsa: mercado de compra y venta de acciones.

Bursátil: relativo a la bolsa de operaciones financieras, como compra y venta de acciones.

Ciclo de Kondratieff : fluctuación económica que transcurre en un periodo de tiempo de 50/60 años con dos puntos de apogeo (maximización) y uno largo de estancamiento (depresión).

Ciclo Económico: ascensos y descensos de la actividad económica.

Corredor de Bolsa: persona legalmente autorizada para realizar las transacciones de compra y venta de acciones que se realizan en la bolsa.

Crisis: en sentido amplio, conjunto de problemas que se relacionan entre sí y que potencian sus efectos, en torno de la reducción en el crecimiento de la producción de una economía.

Deflación: caída generalizada del nivel de precios de bienes y servicios en una economía

Fondo Monetario Internacional (FMI): coalición de gobiernos creada después de la conferencia de Bretton Woods en 1944 para estabilizar las tasas de cambio entre países relacionados comercialmente.

Galbraith, Jhon Kenneth - (1908 - 2006)- Economista, cuya mayor preocupación no era el análisis econométrico o teoría económica, sino analizar las consecuencias de la política económica en la sociedad y la economía política, en una forma accesible y eliminando gran parte del tecnicismo utilizado por los economistas.

Inflación: aumento sostenido y generalizado del nivel de precios de bienes y servicios, medido frente a un poder adquisitivo estable.

«Ninja», créditos: (*No Income, no Jobs or Assets-NINJA*), son los créditos concedidos a la gente «sin ingresos, sin trabajo, ni bienes» a elevadas tasa de interés.

Subprime: Préstamos hipotecarios disponibles para los prestatarios con problemas crediticios o falta de documentación, generalmente ofrecidos a tasas de interés más altas.

Wall Street: principal y permanente hogar de la Bolsa de Valores de Nueva York. El término Wall Street es usado para hacer referencia tanto al mercado financiero estadounidense como a instituciones financieras. Allí, los colonos holandeses construyeron en 1652 una pared de madera y lodo. La pared significaba una defensa contra el posible ataque de los indios Lenape, colonizadores de New England y los británicos, pero en realidad fue usada para evitar que los esclavos negros de la colonia escaparan. La pared fue derribada por los británicos en 1699. Aunque la muralla desapareció el nombre de la calle sigue recordándola.

LOS AUTORES

Paul Robin Krugman (28 de febrero de 1953) es un economista, divulgador y periodista norteamericano, cercano a los planteamientos neokeynesianos. Actualmente profesor de Economía y Asuntos Internacionales en la Universidad de Princeton. Desde 2000 escribe una columna en el periódico *New York Times* y, también, para el periódico colombiano El Espectador. En 2008 fue galardonado con el Premio Nobel de Economía.

Ha sabido entender lo mucho que la economía tiene de política o, lo que es lo mismo, los intereses y las fuerzas que se mueven en el trasfondo de la disciplina; el mérito de Krugman radica en desenmascarar las falacias económicas que se esconden tras ciertos intereses. Se ha preocupado por replantear modelos matemáticos que resuelvan el problema de ¿dónde ocurre la actividad económica y por qué? La filosofía económica de Krugman se puede describir lo mejor posible como neokeynesiana. Políticamente es considerado un liberal.

JOSEPH EUGENE STIGLITZ (Gary, Indiana, 9 de febrero de 1943) es un economista judío estadounidense, famoso a raíz de la publicación de libros de divulgación masiva y por las críticas a los organismos internacionales de crédito.

Ha recibido la Medalla John Bates Clark (1979) y el Premio Nobel de Economía (2001). Es conocido por su visión crítica de la globalización, de los economistas de libre mercado (a quienes llama «fundamentalistas de libre mercado») y de algunas de las instituciones internacionales de crédito como el Fondo Monetario Internacional y el Banco Mundial.

En 2000 Stiglitz fundó la *Iniciativa para el diálogo político*, un «tanque de pensamiento» (*think tank*) de desarrollo internacional con base en la Universidad de Columbia (EE. UU.). Considerado generalmente como un economista neokeynesiano, Stiglitz es el primer economista más citado en el mundo.

George Soros nació el 12 de agosto de 1930 en Budapest, Hungría como Schwartz György, aunque luego se nacionalizó norteamericano. Inversionista, filántropo y activista político liberal. Actualmente, es el presidente del Soros Fund Management LLC y del Open Society Institute. Durante la década de 1980, respaldó el movimiento sindical Solidarno[en Polonia, así como la organización Carta 77 en la entonces Checoslovaquia, con la finalidad de contribuir al fin del dominio político de la Unión Soviética en esos países. Su financiación y organización de la Revolución de las Rosas en Georgia fue considerada por los observadores rusos y occidentales como crucial para su éxito, aunque Soros afirma que su rol ha sido exagerado. Soros es famoso por «quebrar el Banco de Inglaterra» el Miércoles Negro en 1992. Con un estimado neto valorado en alrededor de $9 millardos (en dólares de 2007), fue calificado por la revista *Forbes* como la 97 persona más rica en el mundo.

Mikhail Gorbachev - Licenciado en Derecho por la Universidad Estatal de Moscú (1955) y en Ingeniería Agrícola por el Instituto Superior Local de Agricultura de Stavropol (1967). En 1952 se sumó a las filas del Partido Comunista de la Unión (PCUS).

En marzo de 1990 se convirtió en Presidente de la Unión Soviética. Un año después, el 25 de diciembre, Gorbachev dimitió de su cargo, produciéndose al mismo tiempo la disolución de la Unión de Repúblicas Socialistas Soviéticas. Gorvachev ha pasado a la historia por haber implantado la democracia en la Antigua Unión Soviética y poner fin a la Guerra Fría. Premio Nobel de Paz 1990.

Actualmente preside la Gorbachev Foundation, que él mismo fundó en 1992, así como la Cruz Verde Internacional y el Civic Forum Movement.

Eduardo Sarmiento Palacio - Ingeniero, economista y escritor colombiano, nacido en Bogotá el 22 de febrero de 1940.

En 1966 fue becado por la Fundacion Ford para realizar estudios doctorales en economía en la Universidad de Minnesota, Estados Unidos, donde se convirtió en el primer latinoamericano en obtener un doctorado en esa universidad y uno de los primeros colombianos con titulo de PhD.

A principios de la década de 1990 protagonizó un fuerte debate con respecto a la aplicación de la apertura económica en Colombia. Sarmiento es autor de numerosas publicaciones sobre temas económicos, entre las cuales se destaca *Nuevos desafíos del desarrollo*, que le valió el Premio Alejandro Ángel Escobar. Ex Decano de la Facultad de Economía de la Universidad de los Andes de Bogotá y fue Director del Departamento de Planeación Nacional de Colombia.

ALVIN TOFFLER / HEIDI TOFFLER **Alvin** (nacido el 3 de octubre de 1928) es un escritor y futurista estadounidense doctorado en Letras, Leyes y Ciencia, conocido por sus discusiones acerca de la revolución digital, la revolución de las comunicaciones y la singularidad tecnológica. **Heidi** Toffler, también escritora y futurista.Sus primeros trabajos están enfocados a la tecnología y su impacto (a través de efectos como la sobrecarga de información). Más tarde se centraron en examinar la reacción de la sociedad y los cambios que esta sufre. Sus últimos trabajos han abordado el estudio del poder creciente del armamento militar del siglo XXI, las armas y la proliferación de la tecnología y el capitalismo. Entre sus publicaciones más famosas se destaca *La tercera ola*, donde introduce un concepto de ola que engloba todas las consecuencias biológicas, psicológicas, sociales y económicas que se derivan de cada una de las civilizaciones verdaderamente distintivas.

Paul A. Samuelson- Economista estadounidense nacido en Gary, Indiana, y que estudió en las universidades de Chicago y Harvard. En 1941 se incorporó a la Facultad de Económicas del Instituto de Tecnología de Massachusetts, donde en 1966 fue ascendido a catedrático, la más alta categoría profesional de dicha institución.

Conferenciante habitual, Samuelson también ha sido el autor de uno de los libros de texto económicos más vendidos. Publicado por primera vez en 1948, *Economía: Un análisis introductorio*, ha sido traducido a más de doce idiomas y ha vendido más de cuatro millones de ejemplares. En este trabajo, Samuelson expone clara y cuidadosamente, en términos matemáticos y cuantitativos, su filosofía económica intermedia, basada principalmente en las teorías de John Maynard Keynes. Por su contribución a la teoría económica, le fue concedido el Premio Nobel de Economía en 1970.

JON AZUA - Presidente y el fundador de e-novatinglab, plataforma think tank de estrategia, competitividad y desarrollo regional, situada en Bilbao.

En el campo de la Administración Pública, Diputado Foral de Promoción y Desarrollo Económico de Bizkaia (1983-1985), Consejero de Trabajo, Sanidad y Seguridad Social (1985-1987), Consejero Secretario de la Presidencia (1987-1988), Vice Lehendakari 1º y Consejero de Industria y Energía (1991-1995). Consejero y Director General de la Bolsa de Bilbao y Bilbao Plaza Financiera (1988-1991), Antiguo Socio Directivo de Estrategia e Industria de Servicios Públicos, en Andersen y S.A. y Bearingpoint.

Nacido en Bilbao, es Ingeniero Industrial por las Universidades de Anáhuac (México) y del País Vasco, (E.T.S.I.I.T. de Bilbao), Master en Economía y Dirección de Empresas (M.B.A.) por la Universidad de Navarra (I.E.S.E.-Barcelona) P.H.D. (Doctorado en Business & Public Administration) por la Universidad Lasalle, USA.

Gordon Brown - (Glasgow, 20 de febrero 1951) es el primer ministro del Reino Unido y miembro del Partido Laborista.

Brown fue elegido líder del Partido Laborista el 24 de junio de 2007, y después fue nombrado primer ministro del Reino Unido el 27 de junio con la dimisión de Tony Blair.

Su ascenso dentro del laborismo fue vertiginoso, llegando a ser portavoz de la oposición sobre Comercio e Industria (1989-92) y Hacienda (1992-1997).

Como ministro de Hacienda, Gordon Brown ha sido aplaudido por garantizar el fuerte desempeño económico del Reino Unido. Bajo su supervisión, el país ha tenido el más largo período ininterrumpido de crecimiento económico de los últimos dos siglos, a pesar de grandes obstáculos a nivel global, como la crisis financiera asiática, el estallido de la «burbuja punto com» y los atentados del 11 de septiembre de 2001 en Estados Unidos. En medio del caos mundial, la economía británica se ha caracterizado por una muy baja inflación -como promedio 2,5% anual desde que Brown llegó al cargo- y por los más bajos niveles de desempleo desde a mediados de los años 70.

Federico Steinberg es Investigador del Real Instituto Elcano y Profesor de Economía de la Universidad Autónoma de Madrid (UAM). Es Doctor en Economía por la UAM, Master en Economía Política Internacional por la London School of Economics y Master en Relaciones Internacionales por la Universidad de Columbia (Nueva York), becado por la Fundación La Caixa.

Ha realizado estancias de investigación en las universidades de Georgetown y Harvard, ha sido profesor en los campus de Madrid de las universidades estadounidenses Suffolk y George Washington y en los master de Relaciones Internacionales y Desarrollo de ICADE y del Instituto Universitario Ortega y Gasset. Entre 2002 y 2004 trabajó en distintos proyectos de desarrollo como consultor para el Banco Mundial en Washington DC, Ghana y Bolivia, así como en la Oficina Ejecutiva del Secretario General de las Naciones Unidas en Nueva York.

ALICIA GARCÍA-HERRERO es economista jefe para mercados emergentes en el Servicio de Estudios del BBVA. También ejerce como investigadora asociada de la Universidad de Hong Kong. Anteriormente formó parte del programa de investigación para Asia del Banco Internacional de Pagos en su oficina de Hong Kong.

También fue jefe de la División de Economía Internacional del Banco de España, profesora visitante de la Universidad Johns Hopkins y profesora asociadaza de la Universidad Carlos III en Madrid.

En años anteriores desempeñó los cargos de asesora del Comité Ejecutivo del Banco Central Europeo en Frankfurt, directora de Economías Emergentes en el Servicio de Estudios del Banco Santander y profesora Asociada en la Universidad Autónoma de Madrid.

ANDRÉS OPPENHEIMER es editor para América Latina y columnista de *The Miami Herald*; analista politico de *CNN* en Español; conductor del programa de televisión *Oppenheimer presenta*, y autor del libro *Cuentos chinos* y cuatro otros best-sellers sobre temas politicos y economicos internacionales. Su columna semanal, *El informe Oppenheimer* es publicada regularmente en más de 60 periódicos de Estados Unidos y América Latina, incluídos *La Nacion* de Argentina, *El Mercurio* de Chile, *El Comercio* de Perú, y *Reforma* de Mexico.

Oppenheimer fue coganador del Premio Pulitzer de 1987, junto con el equipo de *The Miami Herald* que descubrio el escándalo Iran-Contras, y fue distinguido con los dos premios mas prestigiosos del periodismo de habla hispana: el premio Ortega y Gasset del periodico *El Pais* de Madrid en 1993, y el Premio Rey de España otorgado por la agencia EFE y el Rey de Espana en 2001.

Fernando Henrique Cardoso (Río de Janeiro, 18 de junio de 1931) es un político y sociólogo brasileño presidente de Brasil en dos periodos constitucionales: de 1995 - 1999 - 2003. Graduado por la Universidad de São Paulo. Fue autor junto con Enzo Faletto de un texto muy importante dentro de las las ciencias sociales latinoamericanas *Dependencia y desarrollo en America Latina Ensayo de interpretación sociológica* publicado en 1969. Mientras Brasil estuvo bajo un gobierno militar, Cardoso, que en ese tiempo era profesor de sociología, fue expulsado del país.

Fue Canciller y después Ministro de Hacienda en el gobierno del presidente Itamar Franco, siendo uno de los creadores del llamado Plan Real, que era un programa económico ideado para sustituir la moneda para contener la enorme inflación que azotaba al país. Este éxito con el tiempo le valió obtener la presidencia.

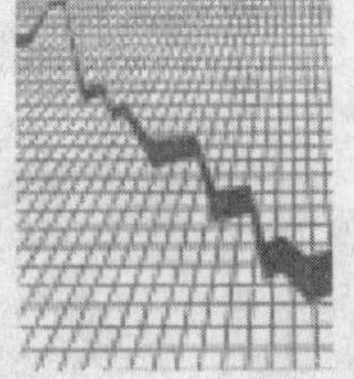